金門村史 | 9

烈嶼之心

東林的那些人、那些事

林志斌——著

金門縣文化局

浯土浯民話桑麻

金門村史

金門是個幸福島嶼，有長達一千七百多年的歷史，每個地方都有很精采的故事。福海上任以來，一再強調各單位不管做什麼事，一定要把金門在地的故事融入進去，變成是一個有故事、有溫度、有感情，可以吸引大家目光的地方，文化局倡導大家來寫村史，就是在實踐說在地故事、寫鄉土風情的一個方式。

過去我們的縣志與鄉鎮志，都是由專家學者執筆，囿於一定的規範及形制，不利大眾閱讀，反喪失了凝聚鄉土情誼的本意，而村史的書寫，便比較沒有這方面的問題。「村史」指的就是由在地文史工作者、教師或有興趣的人，藉由對地方的深厚情感、對地方的發展，以及人文風情的認知所作的紀錄；這樣的紀錄是貼近土地、直沁人心的，我們希望經由這樣的嘗試，挖掘出屬於金門本土的真性情。

清代史學家章學誠將史籍分為「撰述」及「記注」兩種。「撰述」即是著

作，自成一家之言，內容有觀點，有材料，有分析，有創見；「記注」則是對原始史料的記錄、整理及選輯。但二者皆過於嚴謹，不利普羅大眾傳讀。白話文起後，隨著田野調查、紀錄文學的盛行，才又開創了另一種采風記趣的形制。

福海希望文化局出版的村史能獲得大家的喜歡與肯定，或成為學童鄉土史的教材。理論上，村史的表述應該呈現多元的樣態以及最忠實的庶民文化，本次遴選的村史作 者，俱皆生於斯、長於斯，筆下呈現諸多金門昔日的習俗、事件、諺語、傳說、古地名，以及自然環境故事，除了有正統的「開發史」、「發展史」外，更以一手資料側寫了昔日常民的辛酸血淚、奮鬥歷程，以及戰爭的可怕與無情，相信不論您認識金門的程度如何，都能藉由他們筆下的故事，重新認識金門、了解金門。

「文章千古事，得失寸心知」。寫村史或許不及於古人所謂「立德、立功、立言」的「三不朽」大事，但能留下一冊雋永的回憶，忠實呈現先民華路藍縷的軌跡，對一鄉一地而言，都是饒富意義的文獻史記。謹以本文與大家共勉，兼以為序。

金門縣縣長 陳福海 謹識

文化局長序

金門村史

金門縣文化局為推動縣民認識家鄉、凝聚共識，振興文化產業、提升文化環境，鼓勵大家書寫聚落的故事，本年度開始規劃辦理「大家來寫村史」徵選作業，這是個常態性的計畫案，將要持續性執行下去。

一九九〇年代初期，台灣各地展開地方文史運動，開啟了平民百姓寫地方文史的風氣。一九九八年，台灣大學歷史系吳密察教授開始提倡「大家來寫村史計畫」，強調從民間底層由下而上，不拘形式，大家分別表述集體記憶或共同的歷史。這項計畫挑明了書寫歷史已不再屬於學院派內歷史學者的專利，同時地方史的呈現也不必受限於傳統方志的體例。

金門縣文化局也是有感於這股力量，所以希望結合地方文史工作者、各社團、協會、社區工作者、作家學者或曾有本縣生活經驗且認同本縣者，舉凡關注於金門各地方村落文化特質、歷史演進，以及社區發展變遷之文字述

明，均在徵選範圍內，期透過此計畫，為熱心鄉土、關懷地方的人士建構書寫家鄉文史的平台，投入基礎文化建設工作。

村史寫作為範圍甚廣，諸如：河流與聚落生活、水利圳道、地方交通與聚落變遷、文化資產保存與地方開發、環境與生態、信仰與生活、城鄉發展、地方產業、傳統建築活化與再造、社區營造、地方人物等議題，深具觀點所進行之文字作品紀錄之題材均歡迎參加。

縣長上任以來，特別指示文化局籌劃此項文化書寫工程，坤和希望每年以補助五到十本書出版的速度來進行這項計畫，假以時日，即可成為一套金門村史專書，不僅可以補縣志史料文獻之不足，更能以淺顯易懂的白話文，生動地刻畫出村里特色，吸引年輕人閱讀，關心自己生長的環境，撫平世代間的鴻溝。

金門縣文化局長 呂坤和

—推薦序—

烈嶼東林故事

林志斌是我的學生、好友，也經常是我認識金門民間文化的老師。十餘年來，我們以及閩南文化研究所的前後期同學相偕在大小金門、廈門、新加坡、汶萊等地考察，觀察著人群、社會與空間，分享、對話及討論。

這本書是在他的碩士論文基礎上發展出來的。東林，是作者的出生地、童年生活的場域。這對研究者來說，熟悉雖是一種優勢，可以比較快速、深入地掌握當地的狀況，但往往也是一種潛在的挑戰。如何跳開原本習以為常的文化經驗，重新檢視它的普同性、獨特性，進而發掘外在的文化形式及內在的邏輯意義，確實不是易事。

另外，在寫作之初，志斌和我有過多次關於寫作重點的討論。我們認為，作為島嶼的烈嶼，社群生活的奠基於環境的變遷，因此庶民生活、生產方式、宗族文化、民間信仰及聚落空間等主題應該被放在環境脈絡中加以討論。這些觀點其實是建立村史的一種方法論，亦即聚焦於生態、生產及生活的，人與環境互動的動態過程。

這本書分有兩篇，分別是開發篇（歷史與環境）及社會篇（信仰與生活）。前者討論烈嶼的自然與人文環境、烈嶼居民的移墾及移民、聚落分布及其地名沿革、

民居特色、村落的經濟等；後者探討民間信仰與宗族祭祀，包括靈忠廟、忠孝堂，以及引介了東林的歲時節令、藝陣社團及文化景點等。最後，以從東林村到東林社區為題，提出一個歷時性的架構，說明這個聚落如何歷經農漁時期、僑鄉歷史及軍事化歷程，並展望未來之發展。

行文之間，儘管志斌試圖以一種相對客觀、理性的書寫方式，提供讀者類似百科全書式的東林全景閱覽。但在細微的文字裡，我可以清楚讀到他對家鄉的濃郁情感，以及對金門傳統文化的景仰及未來傳承的憂心。

從二〇〇六年金門大學（前身為金門技術學院）閩南文化研究所成立之後，即使在高教資源極為不足的情況下，但研究生們的熱情，積極投入了以金門為主的鄉土考察，也探索了海外移民的足跡、戰地政務的歷史反思。這段過程，我非常幸運能夠領導著這樣的小型研究單位，並參與了一群亦師亦友的夥伴的成長。非常榮幸，也非常感恩。就算閩南文化研究所可能面臨到存廢的問題，我仍覺得那是一段美好的時光，也累積了一點足以向大家分享的成果。

志斌就是其中成長甚多的研究生之一。他本科為資訊管理，但因耳濡目染閩南文化的生活氛圍中，地方知識豐富。在適當的研究方法論的訓練下，他已經成為一位可以獨當一面的研究者。很高興可以分享他的寫作成果，並通過他的著作更深入地了解烈嶼東林的人事時地物。

這些烈嶼東林故事，向大家推薦。

臺師大東亞學系 **江柏煒** 敬筆 二〇一七年九月二十三日

自序

東林人寫東林事

東林位居烈嶼島的東南中心位置，東有大般山，北接龍蟠山，西有陽山，南臨東崗海，三面環山，一面臨海，形成一塊畚箕形的風水寶地；龍蟠山的龍氣，陽山平原的土壤，東崗海域豐富的海洋資源，孕育庇佑著東林氏族世世代代的子孫傳承。遠在西元十三世紀初，先民即已來到這塊土地落籍開墾，村內現存古井「東林東井」，井欄上「嘉泰甲子春林彥智捨」（一二〇四，南宋寧宗四年），即見証了先民開墾的歷史軌跡。

東林由洪氏開基，林姓族裔開墾落居，歷經數代繁衍與開發，形成東林村落的型態；一九四九年國共對峙，優越的地理位置，讓東林得以迅速的發展；東林市集的開通，吸引大批的人口入住，人潮錢潮的匯集，使得東林一躍而成烈嶼的首善之區。

繁榮的東林，人文薈萃，「六世京師文相國、九傳伯爵武軍門」光榮描述著林氏先祖的功勛；落番下南洋，新加坡小東林「東安渡頭聯誼社」是海外鄉情的寄托；靈忠廟「討金錢、討肉圓」虎爺遶境巡安，東林街上阿玉婆「怪婆湯圓」、

同伯的「豬腳麵」、國派叔的「粥糜」，不僅餵飽大家的胃，更溫暖了往來東林人們的心；二十年才輪值一次的保生大帝駐境輪祀，「烈聲南劇社」、「東林西樂隊」、「東林國術醒獅隊」、「東林鑼鼓隊」是所有東林人共同的記憶。

東林是我自小生長的地方，春耕秋收的田梗、繁忙的市場、人潮熙攘的街道，滿坑滿谷身著軍裝的軍人，都是我成長的足跡與記憶，也因為太熟悉，讓我對於「東林村史」的寫作案，有著「近鄉情怯」的書寫障礙，如何兼顧感性的鄉里故事及理性的客觀視野，一直困擾著我，寫作進度一直躊躇不前；很幸運的，我的碩士論文指導老師，目前任教於臺灣師範大學東亞學系主任的江柏煒教授，在百忙之中拉了我一把，指導我以環境為主軸，在時間軸上討論空間的發展與變遷，具體掌握「環境」、「產業」、「文化」之間的關係，同時在寫作的過程中，不厭其煩的叮嚀與提醒，讓我順利地開展了本書的思緒。

本書共分為三個部分，第一篇開發篇，探討環境與人之關係，簡述島上地理及人文開發背景，東林的開發、空間架構，環境與經濟，人口的繁衍與播遷，將人與土地的對話作一系統性的整理；第二篇社會篇，討論空間上居民的日常，透過靈忠廟與忠孝堂的信仰，與無形的世界取得平衡；藝陣的演出及鄰里間的互動則展現居民間同島一命的情感；最後，總結東林由林姓為主的血緣聚落轉變成融洽的多姓社區的過程。

上述資料的整理與彙整，完全仰賴福德宗兄鉅細靡遺的調查資料，且毫無藏私

的分享與提供，並引領我深入東林，拜訪宗長，印証史料；林登注、林登添、林田雨、林登培、林萬塔、林長殊、林長裕、林長標、林長壽、林長禮、林清渠、李惟實、李建裕、楊振城、洪志成、林金樹、林延璉等宗長，接受我幾近無禮的訪談，不厭其煩地為我解說屬於東林的故事，讓我對於東林有更深刻的體會。

寫作期間，洪清漳、林馬騰、卓雯雯、伍明莉老師的指導；閩南所同窗翁沂杰協助史料收集與資料的彙整，金門大學林振旭、林晏玉同學平面圖的繪製，孫國欽及其晴揚廣告團隊於編排上的協助，最後由堂兄林水清、林長禮及吳竺穎同學協助校對，林志雄堂兄為本書封面及封底書寫摘要，方便讀者閱讀，也讓本書更具可看性。

有別於專家學者的志書，本書「烈嶼之心－東林的那些人、那些事」，集合了眾人精彩的生活故事，沒有深奧的史學考証和複雜的章節架構，只有鄉老的「真」、信仰的「善」和土地的「美」。

僅以此書獻給我最愛的家鄉——東林，以及曾經為這塊土地打拼過的人。

目錄

開發篇

歷史與環境

第一章

海上璞玉——烈嶼的開發背景

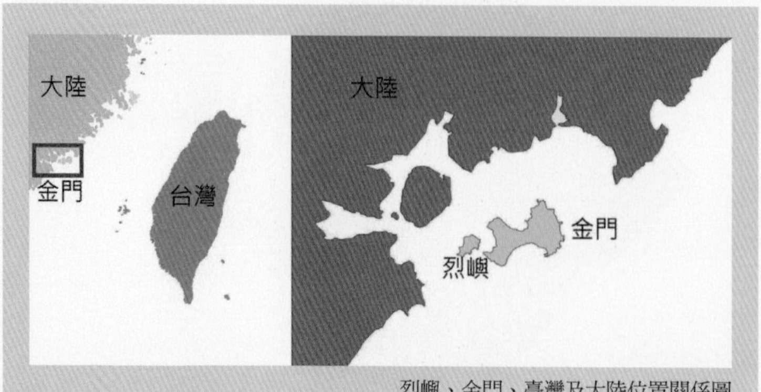

烈嶼、金門、臺灣及大陸位置關係圖

第一節　烈嶼的地理環境概述

烈嶼位居福建東南沿海，九龍江口外，西距大陸廈門島約七公里，東距金門本島約二公里，為金門縣所轄十二島之一島嶼，俗稱小金門；其中心位置於東經一一八度十四分，北緯二十四度二十五分。

烈嶼孤懸於海上，從外觀上看有如斗笠一般，明盧若騰《留庵詩文集》稱之為「笠嶼」；（註一）民間傳說烈嶼原與金門島相連，古代有位皇帝落難，被叛軍追殺，當他逃到烈嶼后頭時，叛軍緊追不捨，於是跪求上天曰：「天若佑我，請裂此地助我逃離追兵」，果得神明庇佑將此地裂為二島，即今之金門、烈嶼二島。（註二）清《金門志》引述舊事志：「烈嶼本聯屬浯洲。宋帝昺航海至此，被元兵追急，山忽裂，得脫於難。」（註三）

島的形狀東北寬而西南窄，縱橫兩端相等，約略為六公里，全島面積為一四・八五平方公里；島上丘陵起伏，以北方及南方二大綿延起伏山脈為最突出，形成南北二邊多山，而中部一帶較為低窪平坦之地形；若從外海遠眺烈嶼島，有如裂開的二座島嶼，「裂」

與「烈」同音，因此定名為「烈嶼」。（註四）烈嶼分為「北嶼」與「南嶼」，「北嶼」又稱為「後山」、「後面」，有麒麟山、龍蟠山、紅山、靈山、大殷山、連山及白珠山等七座山峰，山勢較高；「南嶼」又有「前面」的說法，山勢較為低緩，有吳山、陽山、福上山、東崗、貴山五座山。（註五）

島的中部，有源自於麒麟山與龍蟠山的「西路溪」，流經西路、東林等村莊，往南注入海；另一條為「南塘溪」，匯集以陽山以北之山坡雨水東北流至后井，然後折而向西北流，復匯集靈山一帶高山雨水，經中墩雙口間入海，（註六）為早期玄天上帝廟赴祖廟瑤頭請火上香之處，故又有「上帝公河」之稱。（註七）烈嶼的溪流多為匯集附近丘陵高地的雨水而成，狹窄而短促，大都屬旱溪，僅於下雨時才有流水，沿溪流築成的階梯式攔水閘，可提供農田灌溉，並於溪流終點的出海口附近，築成湖庫、池塘加以蓄水；近年來政府進行鄉村整建，將原有溪流修建成「排水溝」方式，原有樣貌已不復見。

整體而言，烈嶼的地形是呈現東北高而西南低之地景，南、北二側丘陵各自獨立成

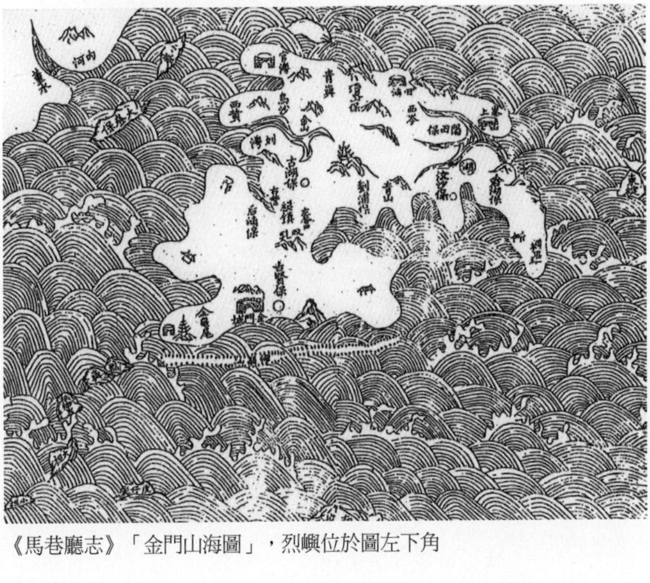

《馬巷廳志》「金門山海圖」，烈嶼位於圖左下角

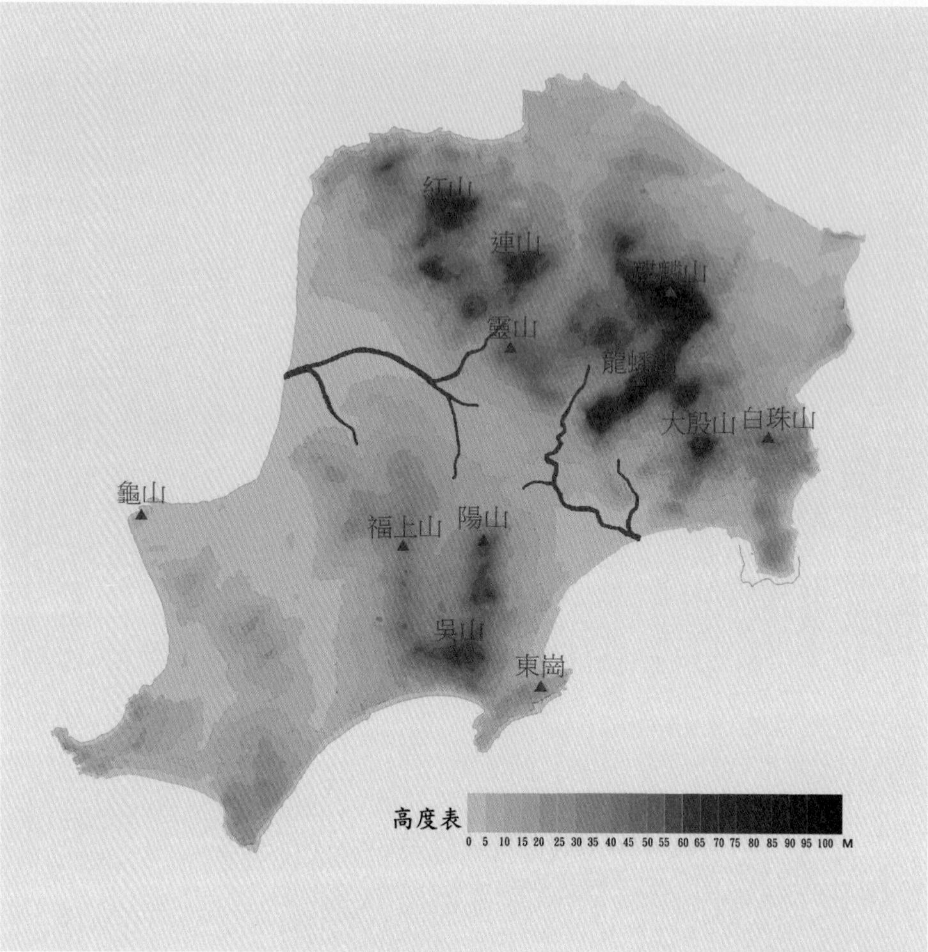

烈嶼諸山及溪流分佈圖

一系統，中間則為一狹小的平原，低窪處則有溪流及湖泊零星散佈。

烈嶼土壤概以砂土及裸露紅壤為代表，前者沙層厚，保水保肥力均差，後者表土薄，酸性重，腐植質極少，適宜經濟價值較低之耐旱性雜糧作物之生產，由於金門土質貧瘠，雨量稀少，所以農作物也只限於耐旱及少肥之雜糧作物，如高粱、花生、地瓜、玉米等。

烈嶼四面環海，海岸線長達二十多公里，擁有多樣的海岸地貌，依其海岸地質特性區分為海崖、礁岩海岸、礫石海岸、沙岸及泥灘五種海岸地形；島之西南岸一帶的泥灘海岸，在漲潮時海水淹沒泥灘海岸，退潮時可退至數百公尺，而泥灘地的細泥含有豐富的有機物，孕養了為數極多的海棲無脊椎動物，如文蛤、海蚵等。

烈嶼位處於大陸東南邊緣，孤立海中，西面為大陸，東面隔臺灣海峽，遠接廣大的太平洋，再加上西南遠接南中國海，屬於亞熱帶季風氣候中的華南型。夏、秋季節，來自於太平洋及南中國海的冷空氣及熱帶氣旋所形成的熱帶風暴，即今日所稱「颱風」，所引發的強風豪雨，對於島上居民的危害尤為嚴重。在秋、冬之季，來自大陸北方高原的冷氣團源源不絕的南下吹襲，再加上烈嶼四面環海，島上無高山，低溫及強勁的風勢，威脅居民的生活，清《金門志》：「隆冬，海風猋驟，飛沙滾塵。」（註八）即描述烈嶼冬日的景況。

註一：明盧若騰，《留庵詩文集》，一九七〇，金門縣：金門縣文獻委員會。

註二：呂合成主編，《烈嶼鄉耆老「口述歷史」彙編》，二〇〇七，金門縣：烈嶼鄉公所，頁十六。

註三：清林焜熿，《金門志》，一九九三，南投：臺灣文獻委員會，頁四一一。

註四：洪曉聰，一九大四，《烈嶼傳統聚落之研究一村落領域關係、擇址和空間組織之探討》，碩士論文：臺南成功大學建築研究所，頁三八。

註五：烈嶼鄉公所（編），二〇一〇，〈地理篇〉《烈嶼鄉志》，金門：烈嶼鄉公所。

註六：金門縣政府（編），一九九二，〈土地志〉《金門縣志》，金門：金門縣政府，頁二四四～二四五。

註七：林金樹口述，作者整理。

註八：同註三。

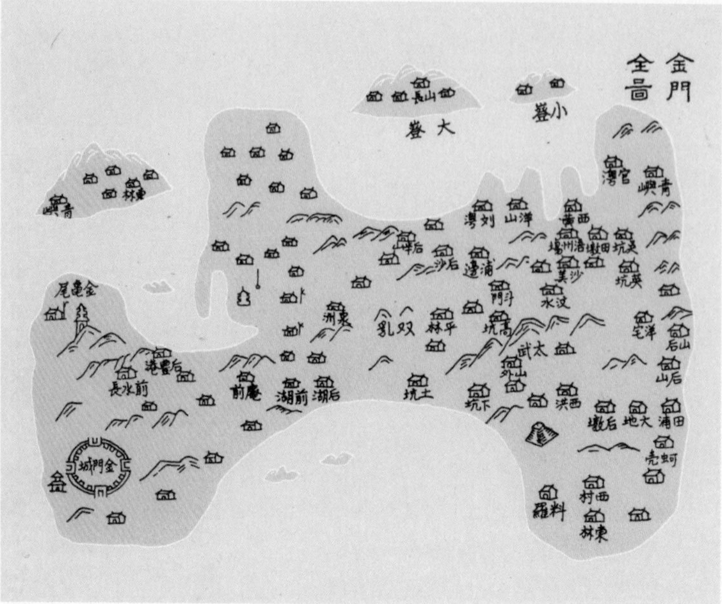

《清金門志》金門全圖

第二節 人文開發背景

烈嶼的開發甚早，由烈嶼青岐的考古遺址所採集到的陶片紋飾中發現，遠在距今三九〇〇到三三〇〇年前，就有人類在此生活的足跡，當時主要從事野生果實採集、捕魚打獵為生，同時可能從事初級的農耕。

清《金門志》記載：

> 烈嶼在浯洲西南，隔水；廣二十里。上有吳山，與棲山、牧山、湖山相接，而吳山為最。又有麒麟山，以形似得名。……嶼前有牧祠，有軍營；嶼後有牧馬寨，有草堂。唐貞元間，監察柳冕置萬安牧馬處。（註九）

宋代，金門開始納入宋朝的國家體系中，

「宋太平興國三年，島居者始輸納戶鈔」，隸屬於翔風里。（註十）

西元十三世紀，北方外族入侵中原，中原大陸連年征戰，政權更替迭繁，烈嶼由於鄰近大陸又孤懸海外，具有隔離作用，吸引許多中原人氏為躲避戰禍而移民來此，這一時期移民來烈嶼的氏族有：上庫的吳姓；上林、下林、西宅、東林等不同支系的林姓；青岐村落的洪姓；后頭村落的方姓；及曾在黃厝村落住過的黃姓（目前黃厝村以洪姓為主）和西方村落不詳的多姓等；而逐漸形成明初烈嶼村落。

烈嶼黃厝洪氏家廟碑誌上記載：「溯吾族洪氏始祖，諱公楷，字宣曦，處於江西饒州樂平縣，登宋高宗末期庚辰科進士，出仕於朝，因梗直，忤權貴，貶受同安縣尉。仕閩期間，值金兵渡河南侵，戰禍纏綿不息，歸計難酬，不得已播烈島……」；又雙口林氏家廟碑誌上同樣也有類似的敘述：「……勤公字周元，生我二世始祖，寵渥字君錫。斯赴任貴陽縣令，值宋理宗丁巳之亂，寶祐五年（一二五七）年官者遭害，遠引來浯烈（今金門烈嶼上林村）衍傳雙口、西方二村……」

西元十四世紀，明初，海寇猖獗，頻頻侵擾大陸沿海地區，燒殺擄掠，無惡不做，對於沿海地區治安及人民生命財產構成相當程度的威脅，烈嶼首當其衝，相傳島上現后頭村西南處「李厝墩」，就是遭海盜倭寇火燒廢村。明洪武二十年，江夏侯夏德興在金門築城戍兵，興建金門守禦千戶所，經營軍事，翌年，又修築包括烈嶼在內的五個巡檢司，形成連綿的防衛體系。（註十一）

明萬曆年間鄭若曾撰 鄧鐘重輯《籌海重編》福建圖

西元十五世紀，明中葉，早期移民烈嶼者，經過一段時日墾居繁衍，已形成一定規模的聚落，由於人口的增加，原有的耕地已不足以應付繁衍的氏族，故必須再尋找開發其他的墾地；如下林之林姓氏族於第三世時分居西方，因就近到雙口海邊捕魚維生，到第四世時，再到雙口墾居，遂形成今日雙口聚落；西宅林氏二房於第六世時，在距村址不遠處墾田，後遂繁衍形成西路村；同時期青岐洪姓七世洪包分居黃厝，其孫洪魁基再由黃厝分居埔頭。

在這一時期移居烈嶼的聚落，尚有呂姓氏族由大金門林兜先居后頭，娶后頭方姓為妻，然後再遷居後山村（今已消失），最後再遷往上東坑，定居至今；而下東坑則有杜、孫、程、蔡、林、陳六姓，其中陳、蔡兩姓早於呂姓來東坑開墾；湖下村陳姓則是由廈門遷來，後分支后井、中墩、上庫等村落，形成這些村中的少數陳姓。

一六四四年明朝亡，唐王朱聿鍵於福州稱帝，改元「隆武」，封鄭芝龍之子鄭成功為忠孝伯，賜國姓改名「成功」；一六四七年，清軍攻入福州，唐王遇害，鄭成功於是召集林習山、陳輝、洪政、楊才、張進等九十餘人於烈嶼吳山供明太祖神位，設祭定盟，以「忠孝伯招討大將軍罪臣朱成功」名義，往來島嶼，誓言恢復明室。

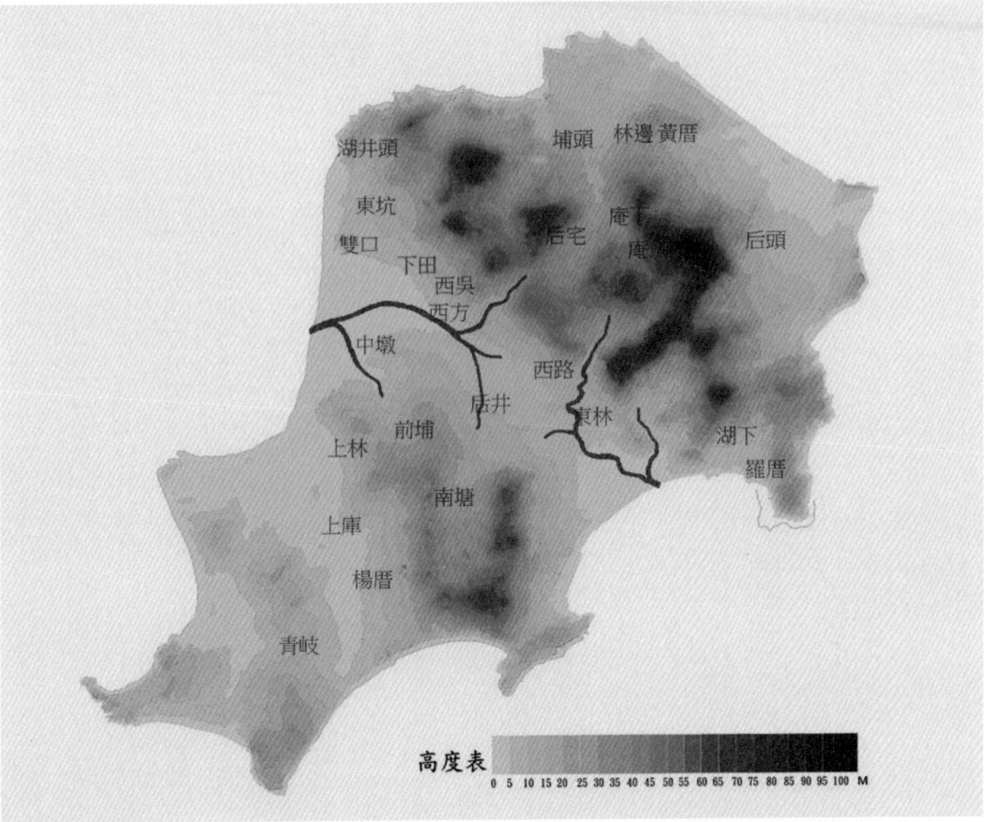

烈嶼村落分布圖

從一八二一至一八五〇間，烈嶼與鄰近各邑往來密切，更促成不少移民遷徙至烈嶼；如蔡姓自金門瓊林分居至下田、西吳、南塘；其他則由大陸遷居至此，如庵頂的謝姓、庵下的莊姓、后宅的蔡姓、羅厝的羅姓、前埔的楊姓、后井的洪、林、陳等姓分別遷入烈嶼。

這些來自中原大陸漢人移民，依其需求，各自尋找適合定居的村址，歷經多年的開墾與繁衍，在血緣與地緣的交互作用下，逐漸形成今日聚落的規模，有西路、西宅、東林、湖下、羅厝、青岐、上庫、楊厝、上林村：上林、中墩、南塘、后井、前埔、湖井頭、東坑、雙口、下田、西吳、西方，后宅、黃厝、埔頭、庵頂、庵下、后頭、林邊等計二十六個村落。

清末，政局紛亂，福建沿海海盜猖獗，民不聊生，間接導致烈嶼人口大量外移至南洋等地發展。

烈嶼孤懸海外，呈無政府狀態，自然成盜賊行搶的目標；早期盜賊利用晚上夜黑從湖井頭上岸，搶奪居民的牲口、農作等，當時烈嶼居民普遍貧窮，農作又以「蕃薯」為主，盜匪無錢財可搶，只能偷挖居民所種植的蕃薯，故稱為「蕃薯賊」。清金門志載：「瀕海郙莊，每被內港強鄉撐船突至，擄人畜去，勒期貲贖。」（註十二）

當時只要風聞盜賊的船靠岸，盜賊的槍聲一響，鄉人便互相警告逃跑至山中躲藏，任由盜賊搜刮財物，洗劫一空；盜賊的野心日愈變大，「蕃薯」不再能滿足他們的胃口；在大陸同安縣境內，匪首將長竹竿後半部剖開，拖地而行，利用竹竿與地面接觸所發出的「啪啪」聲響，召集匪徒，準備選定目標行搶，由於匪徒大多為大陸同安人氏，故稱「同安賊」；說起「同安賊」，烈嶼人聞之色變；同安賊利用同安人在烈嶼做生意，有的喬裝賣米粉、賣蕃薯籐等等，或是買通無業的地痞，選定地方富紳或歸國華僑行搶，如搶奪之財物不如盜賊預期，就擄人綁票，再要求贖金。西方的華僑方晚清、青岐清雲仔、西方林好德、青岐「大頭龍仔」，都曾經被綁票（捉去），最後還得託人拿錢到廈門去贖回，大頭龍仔人被棄放在貴山，救回時已經瘦得不成人樣。

為了對抗盜匪，各村莊紛紛組成巡守隊，並聘請武師教導村民武藝，籌組「宋江陣」以對抗盜匪，保護家園。據鄉老方清皮口述：

在清咸豐、道光年間有賊到后頭偷蕃薯被發現，結果被我們村民圍剿，將其逼到后頭灣時，因無退路而跳入海中；在同安賊的親人，竟登門找我們要屍首，我們也找不到，因此雙方對簿公堂打官司，結果后頭村輸了，要后頭村每年付賠償金，直到民國

以後，我已接手處理后頭村里事務時，他們還曾來要過賠償金之事。（註十三）

一九三七年，日本入侵中國，佔領金門烈嶼，強迫島上居民闢路、築機場、種植鴉片、強徵騾馬、民伕供其使役，造成島上居民大量外移至南洋發展，稱為「走日本」。

一九四八年，福州綏靖公署湯恩伯司令部的警衛隊就駐紮在烈嶼，其指揮部設在東林許丕回和應阿富的大厝，據鄉老回憶，當初的警衛隊，人數僅有數十人，大都是軍官，服裝整齊，紀律嚴明，並未對村民有任何騷擾的事情。

一九四九年國共內戰，國民政府自大陸撤退，駐守臺灣、澎湖、金門及馬祖，烈嶼位於大陸與金門海洋的交點，基於戰略考量，國民政府於島上大量駐軍，同年年底，第五軍軍長李運成率二〇〇師的師長麻心全自大陸撤退駐防烈嶼，其軍部就設在東林，現林長固的大厝；隨著大陸情勢急轉直下，大批戰敗部隊從東林海灘登陸，這群戰敗之師，據耆老形容為：「軍容不整，軍紀渙散」，上岸後，因東林有軍部駐守，尚不敢違紀擾民，故轉往島上其他村落，沿途遇有牲口及作物，為了填飽肚子，往往不告而取，且為了建構防禦工勢，強拆民房，百姓苦不堪言，島的西邊青岐村，因距大陸較近，直接面對共軍的威脅，本身又是島上最大村落，故房子被拆得最為厲害，損失最為慘重，整個村莊從宗祠、寺廟到民宅，無一倖免，被拆得慘不忍睹，居民們受不了，鄉老們組團向位於南塘的十四師長伊俊請命，才稍為收斂。（註十四）

為因應戰爭威脅，烈嶼組織民防大隊，各行政村為民防中隊，將居民納入支援軍事勤務並施以訓練；一九五六年「戰地政務實驗」，將全民納入戰鬥編組，支援軍事作戰。

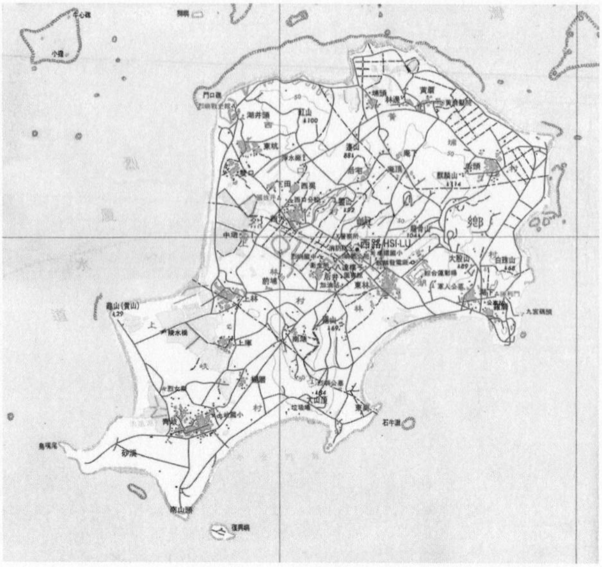

烈嶼地圖（資料來源：金門縣政府）

一九五四年秋，中共在東南亞會議加開前夕，企圖對與會各國施與壓力，影響會議決定，遏阻東南亞各國與美國締約圍堵中共聯盟，以福建地區砲兵團火砲一百餘門，於九月三日向烈嶼、大膽、古寧頭等軍事要地發動猛烈砲火奇襲，連續砲襲二小時，射擊砲彈五千發以上，由於當時中共火砲口徑小，射程近，而烈嶼距離大陸最近，故成為砲擊的首要目標，受災也最為嚴重，這場砲戰，稱為「九三砲戰」。

九三砲戰為兩岸隔海砲戰揭開了序幕，一九五七年「六二四砲戰」、一九五八年「八二三砲戰」、一九六〇「六一七、六一九砲戰」，在數年間中共陸續對金門及烈嶼地區發動猛烈砲戰，或者是所謂「單打雙不打」的零星砲擊，居民整日生活在砲火的威脅中，苦不堪言。

特別是一九五八年的「八二三砲戰」，烈嶼首當其衝，在四十四天的砲擊中，落彈二十四萬零四百六十一發，烈嶼島上每平方公尺落彈近十八發，人民死傷無數；十月六日共軍單方面宣佈「停火一週」，停火期間，在軍方的協助下，烈嶼居民展開史上最大規模的遷徙，搭乘軍方的補給運輸艦，疏散遷移至臺灣，經統計總共有一千四百八十七人，為烈嶼總人口數五千五百三十三人的二六%。（註十五）

冷戰時期，國軍在烈嶼駐紮著大量的軍隊，以抵禦共軍的入侵，當時軍方在烈嶼佈署著一個「加強師」的兵力，也就是一個滿編的前瞻步兵師，加上砲兵營、海軍、空軍、後勤、支援單位，合計組成「烈嶼守備區」，負責烈嶼的軍事防務，估計駐軍人數達一三〇〇〇人以上，遠大於島上的人口數；大量的駐軍帶來了大量的消費人口，同時也改變島上居民的生活型態，島上人口的增加，讓原本以農、漁為主的經濟模式轉變為商業模式，一九六四年，東林街道與東林市場完工，慢慢形成商業中心，有意經商者，紛紛集向東林移民，形成新的聚落形式。

在此同時，戰地政務實驗，實施軍政一體的管理方式，一九七三年民防總隊改編成為「民眾自衛總隊」，年滿十六歲起，不分男女，一律納入自衛隊的編制，每年長達數月的勤務與訓練，隊員們必須犧牲自身的工作配合勤務，居民苦不堪言；同時烈嶼乃孤懸小島，出入交通受限，教育資源僅至「初級中學」階段，有意願進一步求學，就必須渡海至大金門地區就讀高中、職，至於大學以上高等教育課程更必須前往臺灣，就在求學與工作的考量下，形成更大規模的遷徙潮。

烈嶼島民為求學、就業，或渡海移居至大金

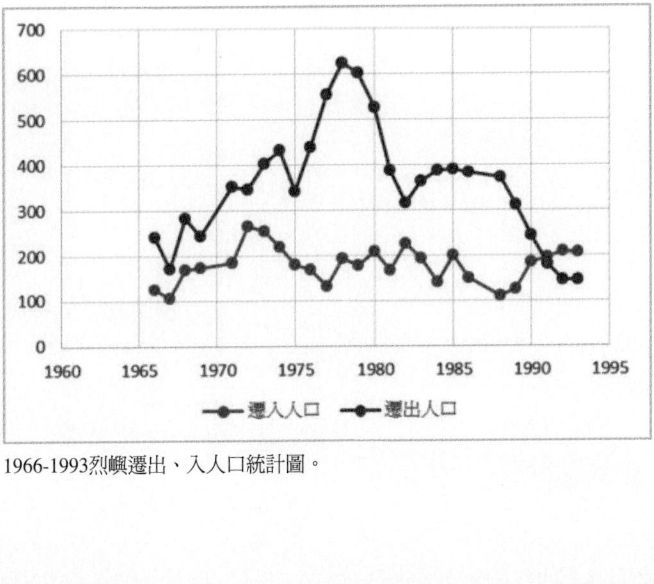

1966-1993烈嶼遷出、入人口統計圖。

門，或遠渡重洋，遷徙至臺灣本島、汶萊、新加坡等地。

統計一九六六年至一九九二年戰地政務終止，烈嶼的人口統計資料；在一九九〇年以前，烈嶼「遷出人口」大於「遷入人口」，人口呈現「外移」的現象，一直到一九九一年後，人口才逐漸回流。（註十六）

隨著兩岸情勢的和緩，一九八〇年代國防部實施延續十年「陸精案」，外島駐軍逐步縮減；而後一九九三年「十年兵力精簡案」、一九九七至一九九九年「精實案」、二〇〇四「精進案」等一連串的計畫，將包含烈嶼在內的兵力逐漸縮減，「烈嶼守備師」也逐步裁撤成「旅」級單位，二〇一四「精粹案」再次降級為「烈嶼守備大隊」，初估軍力僅存八百人。

註　九：清林焜熿，《金門志》，一九九三，南投：臺灣文獻委員會，頁十一。
註　十：烈嶼鄉公所（編），《烈嶼鄉志開發篇》，二〇一〇，金門：烈嶼鄉公所，頁八一～八五。
註十一：同註十，頁七一～七二。
註十二：同註九，頁三九八。
註十三：呂合成主編，《烈嶼鄉耆老「口述歷史」彙編》，二〇〇七，金門縣：烈嶼鄉公所，頁八八～九一。
註十四：同註十三，頁九七～一一七。
註十五：同註十，頁七三九～七五八。
註十六：同註十，頁六三六～六三八。
註十七：參考資料：《金門日報》（二〇一四／一〇／二二）

第三節 烈嶼聚落的活動

一、庶民生活核心：信仰與祭祀

來自中原移民所形成的烈嶼聚落，同時亦傳承其風俗文化，具體呈現漢民族敬天畏地的神靈信仰觀念，並且移民原鄉神明信仰，廣建宮廟奉祀，奉廟中之主祀神為「境主」，成為村落的守護神，在「神明聖誕」之特定日期，舉辦「做敬」醮儀，透過「獻敬」表達對神明的謝意，並藉由儀式行為，達到「合境平安」的理想概念。（表一）

表一：烈嶼村落建醮日期統計表（農曆）

日期	村落	境廟
二月初一日	庵頂	張天師廟
三月初三日	南塘	真武廟
	前埔	保障宮
	中墩	真武廟
	下田	真武廟
	西方	玄天上帝廟
三月十五日	上庫	天后宮、保生大帝廟
三月二十三日	羅厝	西湖古廟
四月二十二日	東林	靈忠廟
五月初十日	湖井頭	李府將軍廟
五月十三日	黃厝	關帝廟
	湖下	忠義廟

五月十六日	青岐、楊厝	關帝廟
五月二十八日	埔頭	吳將軍廟
六月初一日	西吳	田府元帥廟
六月十八日	西宅	忠仁廟
	西路	忠義廟
七月十三日	上林	李將軍廟
八月初二日	后宅	九天玄女廟
八月十五日	后井	劉府王公廟
八月二十三日	后頭	護麟宮
九月初七日	東坑	清雲殿
九月二十九日	雙口	拱福宮
十月十五日	西甲	釋迦佛祖宮
十月十六日	林邊	李府將軍廟

此外，村落內宮廟神明「刈香、遶境」儀式，將以宮廟為主的點的防禦範圍，擴展到村落的空間範圍，達到面的防禦，每一個村落刈香、遶境都有其特定的日期，烈嶼村落的刈香、遶境活動，由於都集中在農曆正月初十至正月十八日之間，故在民間有「十八香」之稱。（表二）

表二：烈嶼各村落刈香日期

日期（農曆）	**參加聚落名稱**
正月初十日	上庫、南塘
正月十二日	東林、林邊、庵頂、庵下埔頭、后宅
正月十三日	黃厝、青岐、楊厝
正月十五日	西甲、后頭、羅厝、上林
正月十八日	西宅、西路

烈嶼地處亞熱帶，高溫溼熱又衛生環境不佳，舊時鼠疫、瘧疾等疾病叢生，醫療技術落後，瘟疫橫行，傳統民間信仰認為，透過「祭瘟」、「送瘟」，造「王船」將瘟神送走；另一種說法是相傳古代有三十六進士，奉皇帝之命與張天師鬥法，而不幸遭張天師引天雷擊斃，皇帝惜才又自責故封為「王爺」，敕封「代天巡狩」，「遊府吃府、遊縣吃縣」，故民間造王船，添柴米，送王爺「遊天河」，以祈求「合境平安」（表三）。（註十八）

表三：烈嶼村落「送（燒）王船」儀式統計表

<table>
<tr><th>聚落名稱</th><th>日期（農曆）</th><th>備　註</th></tr>
<tr><td>東坑</td><td>四月十一日</td><td>又稱「燒過山禮」</td></tr>
<tr><td>后井</td><td>八月十五日</td><td>地點以通大海之清渠為主</td></tr>
<tr><td>羅厝</td><td>十月初二或初六</td><td>在六月初六決定送王日期</td></tr>
<tr><td>西甲</td><td rowspan="5">十月十五日</td><td>十五請王，十六送王</td></tr>
<tr><td>后頭</td><td></td></tr>
<tr><td>上庫</td><td></td></tr>
<tr><td>上林</td><td></td></tr>
<tr><td>青岐</td><td></td></tr>
<tr><td>林邊</td><td>十月十六日</td><td></td></tr>
<tr><td>西宅</td><td>十月十八日</td><td>又有（尾陣醮）之名；頭陣醮為庵頂</td></tr>
</table>

西甲送王船

二、空間領域的劃分：烈嶼保生大帝信仰四甲輪祀

烈嶼孤懸海中，自古以來，戰事延綿，兵禍不斷，因此基於同島一命，為求生存，島上的聚落相互間自然的形成合作的關係；而且早期農業社會，醫療匱乏，瘟疫等傳染性疾病橫行，居民生命飽受威脅，因此民間信仰傳說保生大帝精通醫術，具驅除瘴癘，妙手回春，濟世救人之神力，故於明初自同安白礁迎來保生大帝香火，於福上山頂建廟祭祀，原稱為「大道公宮」，相傳建廟之初島上僅有八間廟，並由此八間廟的鄉老輪流掌管廟務，故稱為「八保老大」。（註十九）

十六世紀，明朝嘉靖年間，荷蘭人挾船堅炮利攻佔金門烈嶼，強奪劫掠，燒屋擄人，大道公宮亦遭焚毀，相傳保生大帝神像由當時廟祝移至西方佛祖宮避難奉祀，躲過戰火摧毀；由於保生大帝廟毀損，無廟可供奉神明，而民間又相信保生大帝福佑居民的神力，故各聚落爭相請回宮廟奉祀，以期能得到保生大帝的庇佑；在各聚落爭搶下，難免造成紛爭，直至清初，烈嶼鄉民協議，將烈嶼劃分為「四甲」組織，並於每年農曆十二月十八、二十、廿二這三天當中擇一

吉日，由當值「甲」內聚落迎請保生大帝至該聚落境廟奉祀。

四甲分別為：「一甲」為青岐甲，由青岐、楊厝聚落組成；「二甲」為西甲，由西方、西吳、下田、東坑、雙口、湖井頭六聚落組成；「三甲」為上庫甲，有上庫、南塘、湖下、羅厝、后頭、黃厝、林邊、埔頭、庵頂、庵下、后宅；「四甲」為上林甲，有上林、前埔、中墩、后井、東林、西宅、西路等聚落；配合傳統民間天干地支紀年方式，也就是每逢地支年子、辰、申歲次由青岐甲奉祀，西甲輪祀丑、巳、酉歲次，上庫甲輪祀寅、午、戌歲次，上林甲輪祀卯、未、亥歲次，以每一年一甲之方式依序輪祀，並以六十年為一轉，每甲各請十五次。

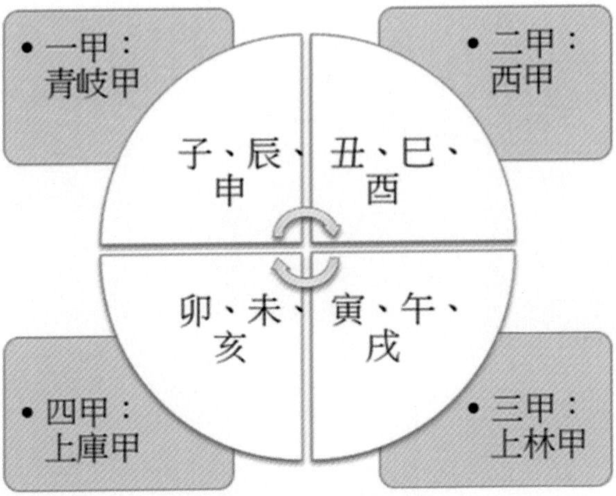

烈嶼保生大帝四甲輪祀關係圖。

其中上林甲則以林姓為主的聚落上林（包含頂林、下林）、東林、西宅組成；從東林靈忠廟保存的舊有「籤書」了解，早年上林甲共有上林、下林、東林及西宅四聚落參與保生大帝輪祀，每逢當值年再細分為十等份分配甲內聚落，甲內聚落再依公約上分配歲次輪祀保生大帝，茲將該文轉述如下：

茲向甲內均分做十鬮聲明

上林得四、九鬮：丁亥、丁卯、丁未

下林得一、二、六、七鬮：乙亥、乙

卯、乙未、己亥、己未

東林得五、十鬮：辛亥、辛卯、辛未

西宅得三、八鬮：癸亥、癸卯、癸未

由於烈嶼各聚落開發的背景與加入參與輪祀的時間不儘相同，故烈嶼地區保生大帝輪祀規則，基本上並非採「等份」的輪祀方式，而現今輪祀制度已不可考，研判可能是依據當初建廟時各聚落的「參與程度」即建廟經費的分攤多寡來決定，茲將烈嶼地區保生大帝四甲輪祀分類整理如表四。

民間傳說保生大帝具醫神背景，居民藉由奉祀保生大帝，祈求神明

表四：烈嶼保生大帝信仰輪祀活動四甲組織分類

名稱	輪祀歲次	聚落	輪祀次數／每六十年
青岐甲	子、辰、申	青岐	15
西甲	丑、巳、酉	西甲	15
上庫甲	寅、午、戌	上庫	3
		羅湖	3
		后頭	6
		埔黃	3
上林甲	卯、未、亥	上林	9
		東林	3
		西宅	3

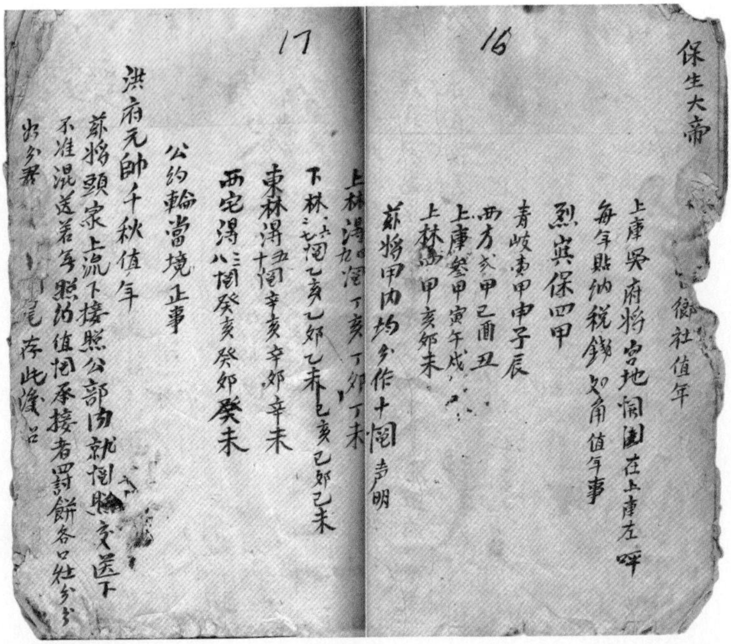

16

保生大帝　御社值年
上庫吳府將宮地閩園在上庫左呼
每年貼納稅錢如角值年事
烈嶼保四甲
青岐東甲申子辰
西方亥甲巳酉丑
上庫參甲寅午戌
上林西甲亥卯未
蘇將甲內均分作十閩　声明

17

上林湖四九閩　丁亥丁卯丁未
下林六七閩乙亥乙卯乙未　己亥己卯己未
東林湖五十閩辛亥辛卯辛未
西宅湖八三閩癸亥癸卯癸未
公約輪當境正事
洪府元帥千秋值年
蘇將頭家上流下接照公部內就閩輪交送下
不准混送若年照的值閩承接者罰餅各口社分分
出分帮　存此簿　呂

上林甲輪祀公約

1971年東林迎祀保生大帝（洪萬福提供）

保生大帝迎祀

烈嶼保生大帝廟

消災解厄，庇佑平安，故對於保生大帝輪祀，莫不期待；每年當值甲境為迎保生大帝，必定動員甲內人力物力，敲鑼打鼓，王旗、五方旗、神輦、長老著長袍馬掛、舞龍舞獅等陣頭，以祈百業興盛，合境平安。

為避免因輪祀造成紛端及節省迎祀過程所耗費之金錢，一九九一年倡議於原址重建保生大帝廟，並於二〇〇四年完工奠安，完工後的保生大帝廟，莊嚴宏偉，為烈嶼最大的宮廟，也成為居民的信仰中心。

註十八：林金樹口述，作者整理。
註十九：洪志成口述，作者整理。

第二章

落地歸根——東林村的形成

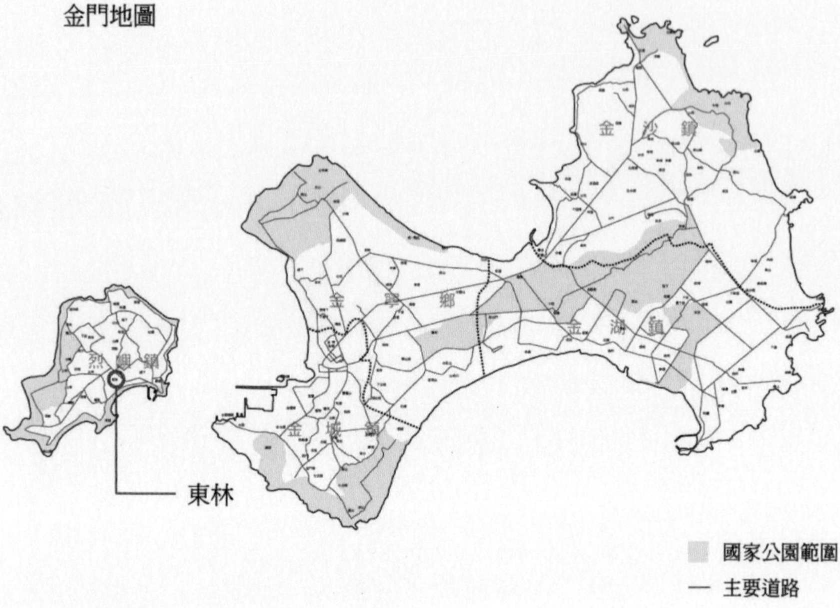

東林位置圖

東林位於烈嶼東南端龍蟠山麓，東北有麒麟山與后頭相隔，東面有大殷山與湖下相鄰，西以陽山和南塘為界，南面臨東崗海隅，三面環山，一面臨海，背山面海，形成一塊畚箕形的風水寶地，庇佑著一代代的子孫。

東林的開發甚早，遠在西元十三世紀初，東林就有居民生活的足跡；村中現存古井「東林東井」，井欄上書有「嘉泰甲子春林彥智捨」（一二〇四，南宋寧宗四年），印證距今八百多年前，即有先民在東林駐足開墾。

第一節 「洪氏」的開基

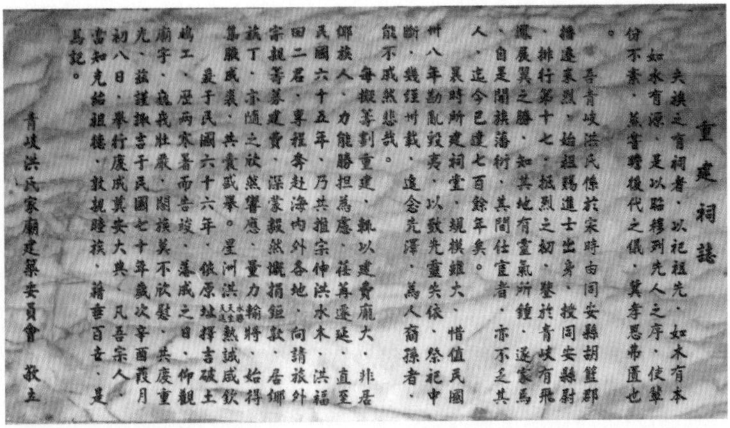
重建祠誌

夫族之有祠者，以祀祖先，如木有本
如水有源，是以昭穆列先人之序，使輩
份不紊，蒸嘗禮後代之儀，冀孝思弗匱也
。
吾青岐洪氏係於宋時由同安縣胡篔郡
播遷來烈，始祖賜進士出身，授同安縣尉
、排行第十七，始烈之初，擇於青岐有飛
鳳展翼之勝，知其地有靈氣所鍾，遂家焉
、自是開族落衍，其間仕宦者，亦不乏其
人，迄今已達七百餘年矣。
畏時所建祠堂，規模雖大，惜值民國
卅八年動亂毀夷，以致先靈失依，祭祀中
斷，幾經卅載，追念先澤，為人裔孫者，
能不戚然悲哉。
每擬籌劃重建，輒以建費龐大，非居
鄉族人力能勝担為慮，遂籌遷延，直至
民國六十五年，乃共推宗伸洪水木、洪福
田二君，專程奔赴海內外各地，向請旅外
宗親等募建費，深蒙毅然識捐鉅款，居鄉
族丁，亦隨之欣然響應，量力輸將，始得
集腋成裘，共襄盛舉。星洲洪天送天生水勝熱誠咸欽
爰于民國六十六年，依原址擇吉破土
鳩工，歷兩寒暑而告竣，落成之日，仰觀
廟宇，巍峨壯嚴，閤族莫不欣慰，共慶重
光，茲謹擇吉于民國七十年歲次辛酉葭月
初八日，舉行慶成奠安大典，凡吾宗人，
當知克紹祖德，敦親睦族，藉垂百世，是
為記。

青岐洪氏家廟建築委員會　敬立

青岐洪氏宗祠重建志（1981）

相傳東林最早是由現居於島的西南端青岐村莊的洪姓先民所開基的；青岐《洪氏族譜》記載：「宋孝宗隆興年間（一一六四），攜眷泊跡西方，次遷東林，再徙青岐落腳定居。」（註二十）

青岐開基祖洪楷，字宣曦，號仕同，稱十七郎，原籍江西饒州樂平縣，宋高宗紹興三十年（一一六〇）庚辰科進士，任朝為官；洪楷個性秉直，因得罪權貴，於紹興三十一年（一一六一）被貶至福建同安縣尉；當時金兵大舉南侵攻宋，中國大陸戰禍綿延不息，洪楷有感於時局紛亂，為求安身，於宋孝宗隆興甲申年（一一六三），攜家帶眷來到同安縣轄下二十都烈嶼。

洪楷來到烈嶼之後，首先落腳島的中心位置西方，現今西方佛祖宮前戲臺，傳說就是當年洪楷的故居，一九四九年遭砲擊損毀，一九八七年西方佛祖宮向洪氏宗親租用興建成戲臺，並每年支付象徵性租金新臺幣六百元。洪楷精通易理，認為西

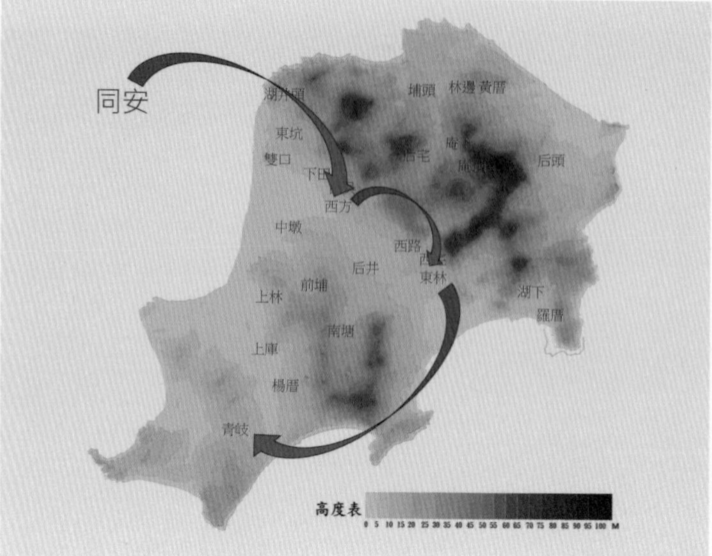

洪氏遷徙路線示意圖

方兩端有大溝形成夾窄形勢，地貌屬丘陵地形，土地貧瘠只可容多姓族裔發展，而不適合單姓傳衍，於是遷移至東林開墾。

洪楷落居東林以後，發覺東林處於群山之間，山巒多，耕地少，農業發展受限，為求族裔發展，於是再次擇地遷徙，最後選在現址青岐村落戶發展至今。（註二一）

另民間傳說洪氏早年居住東林一地期間，曾相請「地理師」勘輿該地是否適其安居，繁衍人丁，地理師言：下雨時，龍骨山洪水下流以致湖海皆為紅色，若此則「洪」對「紅」，該族人丁不出五十皆會吐血（紅色）而死，故欲人丁繁衍需遷村他地而居。於是洪姓一族由今之東林現址遷至青岐現址。（註二二）現今「東林尾」許不回君屋後，仍有洪氏祖墓，每年清明節，青岐洪氏族人均會來此掃墓祭祖，一九四九年國軍駐防後才取消。

註二十：洪志成，《洪氏族譜》，二〇〇六，金門：洪氏家廟慈善會，頁三六。

註二一：洪志成主編，《洪氏鄉土雜誌》，二〇一四，金門縣：洪氏家廟建築委員會。

註二二：呂合成主編，《烈嶼鄉耆老「口述歷史」彙編》，二〇〇七，金門縣：烈嶼鄉公所。

第二節 「林姓」的屯墾與地名的肇始

洪氏遷往青岐後，元朝末年，福建田中林氏族裔，也來此地開墾，相傳林氏先祖林忠茂自福建田中遷徙至烈嶼島，起初落戶於白鶴山下之崎厝沙，後再遷居於東林村現址。

林氏族裔落居東林後，歷經繁衍與開發，逐漸形成村落的型態；在村落的西鄰，居住著自宋朝中葉即已遷入的另一以林氏為主的村落，為有所區隔，雙方長老協議，西宅林氏位居西面，故名為「西宅」，而居東者再冠上「林姓」，稱為「東林」，「東林」村名自此定名。（註二三）

註二三：林長殊、林福德口述，作者整理。

東林空照圖（洪清漳提供）

第三節　社區的形成：其他姓氏的入住

西元十八世紀末，清乾隆年間，李氏族裔自福建莆田來此定居，相傳李氏世代行醫，行醫範圍包含閩南泉州、漳州一帶，李氏傳至李慶豐，其專長為「種珠」，也就是「種痘」、「種牛痘」，把痘苗接種在人體上，以預防天花；李氏初到金門時，最初住在「以李姓為主的村落——古寧頭北山」，後輾轉來到東林，有感東林地區山靈水秀，乃舉家遷移至此，居住在「東林尾」附近；由於李家數代行醫，累積豐厚家底，相傳李慶豐向東林林氏購買東崗部分土地，填海造地，供李氏家人使用。

施氏於十九世紀中期，大約在清道光年間，自福建晉江衙口遷徙而來，初期先至南塘村，十九世紀後期再遷至東林、西宅，東林施氏與西宅施氏有共同的祖先，祖先牌位採三家輪流祭祀。同時期，許氏也入住東林，相傳許氏先祖為航運商，專門運送貨品往來於大陸北方和烈嶼之間販售，後因商船遭盜匪行搶而沉沒，不得已而留在烈嶼，居住在現東林尾現址。

二十世紀初，清末民初時期，東林楊姓先祖為神明「溫王爺」的乩身，經神明指示，舉家自金門湖下村遷來至此，定居於靈忠廟前方現址。

一九四九年國軍駐守烈嶼，一九六四東林市場及東林街開通，東林為烈嶼商業中心，隨政府來金或經商謀生者陸續搬遷至東林，包括洪、方、鄭、陳、羅、馮、廖、應、徐、石、吳、劉、莊等姓氏，其中又以洪姓最多，居住地以新興街道為主，東林由早期林姓為主的「單姓村」，形成今日多姓混居的「多姓村」。

第三章

開枝散葉：人口的播徙與流動

烈嶼山多田少，耕地不足，氣候惡劣，資源有限，農業生產困難；且地處帝國邊陲，政府無力照顧，自然成為盜賊覬覦的目標。民國肇建，福建沿海地區盜賊猖獗，「同安賊」侵門踏戶登島行搶；一九三七年日軍侵華，進而佔領金門、烈嶼，強徵民工、物資及土地，百姓苦不堪言；一九四九年兩岸分治，烈嶼做為軍事前線，生存條件並未得到改善，反而在生活、工作、就學均受到限制，島民不得不外出找尋生路。

根據學者江柏煒的研究指出，金門人出洋的兩個主要的原因：一為國內人口增加、耕地不足、生產有限，甚至遇到天災戰禍，飢荒連連，故需外出尋覓生機；另一則十九世紀英、法、荷、西、美等殖民者在東南亞的開發，需要大量勞動力，以致於招募勤儉、肯吃苦的華人渡海工作。（註二四）

《金門縣志》記載了第一次大規模南渡集中於同治年間：

「地不足於耕，其無業者，多散之外洋……。同治間災害頻仍，連年荒歉，餓殍載道，飢驅浪走，又大批相率逃荒，南渡覓食，是為災荒迫人之一次大規模移殖者。」

第二次南渡潮在一九一二年一九二九年間，當時南洋相對於國內商業發達、治安良好，加上交通便利，吸引了大批青壯人口外出謀生。

「民元至十八年時，南洋群島商業，有如日麗中天，而國內則初創之局，政治建設、地方治安，間多未臻完善。盜賊蠢起，劫掠時聞，島民既感不安，而南洋又較易謀生。當時出國既無須任何手續，南洋群島亦無入境之限制，交通便利，來往自由，祇需若干費用，購買船票，即可乘風破浪，放洋而去」。（註二五）

第三次的移民潮則一九三七至四五年間的日本侵華，日軍佔領金門，遂行軍佔掠奪，強徵民工、物資及土地，百姓苦不堪言，青壯年不願成為日軍的人伕，逃至南洋投靠親朋，這一波的移民，與先前不同，並非經濟因素，而是戰亂之故。上述幾波移民潮，移民的地點主要以南洋為主。

一九四九年後兩岸分治，「臺灣、澎湖、金門、馬祖」形成政治與生命共同體，一九五八年爆發「八二三砲戰」，及其後共軍實施「單打雙不打」，居民生命飽受威脅；戰地政務實驗，常民百姓納入「民防隊」、「自衛隊」等軍事組織，軍隊化的管理與限制，繁重的軍事勤務，居民生活苦不堪言。八二三砲戰期間，為躲避炮火威脅，由政府協助後撤至臺灣本島，為金門史上最大規模的移民潮。

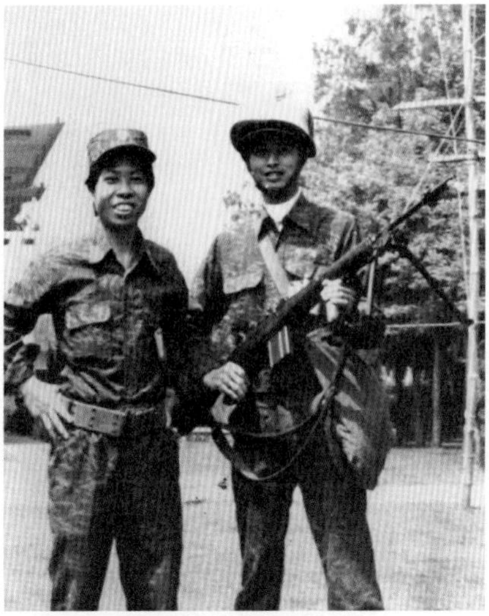
參加自衛隊訓練（洪萬福提供）

最早出外謀生先民，到達一陌生環境之下，努力打拼，辛勤工作，克勤克儉，省吃儉用，把所賺的錢，寄回家鄉貼補家用；一旦工作穩定，甚至是事業有成，便設法邀約同鄉親友的前往，他們就像是長長鎖鍊的環節，一環又一環地把親友引出去，學者將之歸納為「連鎖式的移民」；在外地，人地生疏，基於互相照顧，特

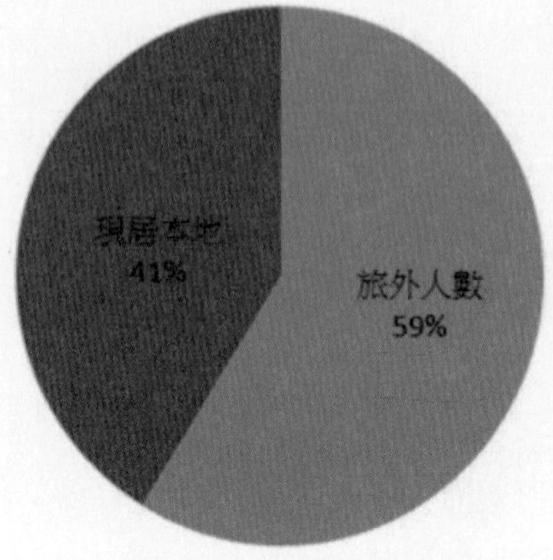

2017年東林旅外人數與現居人數比例圖

別是政治、風俗、語言、文化等異於家鄉的南洋等地，移居的先民他們相互扶持，在沒有政治依靠、風俗語言殊異、氣候環境不同的異地，為爭取共同利益，成立「同鄉會」、「會館」等社團組織以照顧鄉親，同時和家鄉保持密切連繫，向宗親會「報丁」參與祭祖「吃頭」，甚至積極投入家鄉公共事業，建廟興宮，提供獎學金嘉惠學子等。但是仍有許多移民者，以「個人」方式出外，散居島外各地，或因歷世久居海外，或因經濟因素等終身不得志，與家鄉斷絕音訊。

故此，無法精確統計東林旅居島外的人數，以一〇五年東林林氏宗親會「長老及成丁」名冊為例，東林林氏總「成丁」人數三四二人，而旅外東林人透過居住東林親友，登記人數有二〇一人，遠高過現有居民數，東林村民旅外移民地點，主要以新加坡、汶萊、臺灣及金門本島為主。

註二四：江柏煒，《星州浯民：新加坡金門人的宗親會館》，二〇一〇，金門縣：金門縣文化局。

註二五：李怡來編纂，《金門華僑志》，一九七一，金門：金門縣文獻委員會，頁九五～九七。

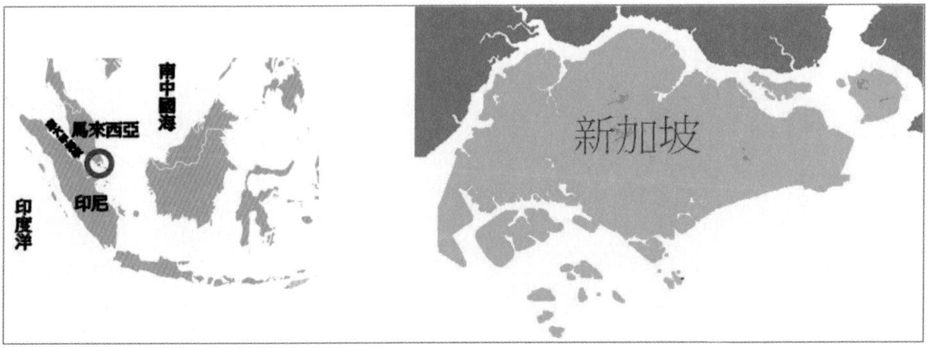

新加坡位置圖

第一節　落番下南洋：新加坡

一、新加坡概述

新加坡是東南亞中南半島的一個城邦島國；位於馬來半島最南端，地處印度洋與西南太平洋之交通隘口，與馬來西亞、印尼共扼麻六甲海峽及南中國海，並為歐、亞、澳海上交通之樞紐；新加坡是個由多種民族組成的國家。對各種種族及宗教兼容並蓄，其中依據二〇一四年統計資料，新加坡居民華人最多佔七四・二％，馬來人佔一三・三％次之，印度人佔九・二％，其他人種三・三％。

新加坡自一八一九年英國史丹福・萊佛士登陸開埠，成為英國殖民地，也是東南亞最重要的據點。一九六三年，連同當時的馬來亞聯合邦、砂拉越以及北婆羅洲（現沙巴）共組成立馬來西亞聯邦，從而完全脫離英國統治；一九六五年新加坡宣佈獨立，首任總統為伊薩克，李光耀接任總理。

一九六〇～一九八〇年代，當大多數的東南亞國家正處於政治動盪，族群紛爭，經濟不穩定的情況下，新加坡在李光耀的領導下，逐漸成為經濟富裕的已開發國家，並且是亞洲最重要的金融、服務和航運中心。

二、社團成立背景：估俚間

新加坡自開埠以來，實行所謂「重商主義」的自由貿易政策，吸引包括金門人在內的華人、歐洲人、印度人、阿拉伯人、馬來人、武吉士人（Bugis）、爪哇人移民到此。萊佛士對於各族裔是採「分而治之」的聚落管理模式，他將不同族群分為不同的社區或稱「甘榜」，如歐洲人居住在政府所在地（新加坡河北岸的指定地點）隔鄰，印度人被分配到今珠烈街附近的一個小地區，華人則分配到新加坡河以南的地帶，遠離商業區，也就是日後稱為牛車水的地方，地方酋長天猛公阿都拉曼遷移到丹戎巴葛和直落布蘭雅之間的一個廣大區域，蘇丹胡先則定居在甘榜格南。

新加坡「分而治之」的族裔隔離管理政策，反而強化了移民者的族群分類意識，特別是來自中國大陸各省的移民，如福建人、廣東人、潮州人、客家人、海南人等各地，他們操同一種語言聚族而居，萊佛士也了解到華人社會的幫派特性，故特別強調不同方言群應分區居住。（註二六）

除了以方言群做為社群的區分外，另外一個特徵便是以「行業別」做為「次級」社群的分類；由於早期來自中國的移民者，大都因家鄉的動亂而遠渡重洋跨海移民來此，大多數的移民者本身並無專門技術專長，來到新加坡從事以勞力為主的行業，這些行業往往有龐大的

「組織」才能與外界競爭。

一八六九年蘇伊士運河開通，新加坡成為世界重要國際轉口貿易中心；早年新加坡的碼頭卻僅有七百英畝的面積，由一號至四十四號碼頭，最多只能停船二十餘艘，然而每日往來的船舶卻有四、五十艘之多，在碼頭不敷使用的情況下，許多船舶因此停泊於海港以起卸貨物，再由駁船運載，來回穿梭，因而使得新加坡的駁船業至為興盛。

駁船是舢舨、電船、摩哆舢舨、艟舡、拖船的統稱，舢舨是靠人力划行，除載人外，也兼載小件貨物；停泊在新加坡島外海的船隻，需要補充淡水和食品，店家需要到船上去接洽生意，店員要下船點貨、起貨，移民則要上岸，故舢舨成了載運人員和貨物的主要交通工具。為了提供更快捷的服務，一些舢舨進行改良，裝上摩哆，載人的叫「摩哆弄」，載貨者叫電船。摩哆船日益普遍，也就逐步的取代了手划的舢舨。

由於生意上的競爭，糾紛在所難免，甚至為了奪地盤，爭客源而發生械鬥事件，因此操著同一方言，來自同一地區，便聚眾集結成立「估俚間」社團，對內照顧鄉親，對外對抗其他族群社團，鄉親若遇有糾紛，則團結眾人做為鄉親後盾。

「估俚間」又稱為「公司房」、「樓仔」，或者直接稱做「苦力間」，是早期新加坡華人合夥租賃的房間；在新加坡由金門人組成的社團共有大大小小三十五處，其中以金門仕紳為主的「金門會館」及以勞動階層為主的「浯江公會」，是屬於金門人共同社團，其他則是同村、同宗、同族等特定族群的組織。

三、新加坡東林人的會館：東安渡頭聯誼社

東林人下南洋至新加坡的歷史已不可考；早期駁船業以人力為主，只要肯學、能吃苦就可入門，這對於自小生長在東林海濱的東林先民來說，自然容易不過，再加上金門人在新加坡都集中在新加波南岸一帶，基於地利之便，東林先民初到新加坡時大都從事駁船業，包括操作舢舨、搬運貨品等勞力工作。

駁船業是一種具有地盤領域的行業，所謂「舳艫相接，楫櫓相摧」，在河海中難免發生碰撞，再加上招攬生意，容易發生口角糾紛，甚至引發械鬥武力衝突，因此多名東林鄉親因而聯合起來，成立會館「估俚間」，以求同鄉大家互相照顧和彼此關懷，十九世紀初期東林估俚間以「敬昭街」一間舊樓做為居所，後遷至直落亞逸街。

直落亞逸是直接面對大海並沿海岸線興建，駁船於是能直接在街上的碼頭靠岸，起卸貨物，根據學者江柏煒的調查，在一九六八年前，老巴剎碼頭有七間金門籍所屬的估俚間，分別為文山、金萃安、金浯山、官山社、東安、金合發及金長發。

位於新加坡南部五・六公里外海的島嶼-龜嶼，相傳是某年農曆九月，一隻神龜為了拯救遇到風暴的船員，將自己變成了一個島嶼。船員獲救後為答謝神明，在島上建廟，流傳至今；在十九世紀時，一位阿拉伯人和一位華人準備前往龜嶼朝觀，那位華人在島上生了重病，突然間島上出現一艘載有糧食和水的船，救了兩人。兩人最後葬在島上，成為後來的華人的「大伯廟」和馬來人的「拿督公廟」（The Kusu Keramat）。（註二七）自一九三〇年代起，許多華人在每年農曆九月初九前往大伯公廟上香，祈求大伯公保佑安康與賜福。當時由

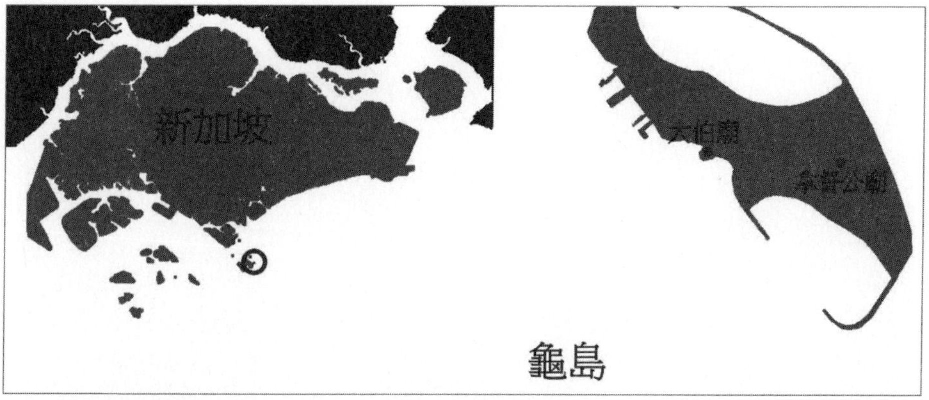

新加坡龜島位置示意圖

新加坡本島載運華人前往龜嶼上香的生意業務，即由位在老巴剎的金門人划行舢舨來回其間，整個香期大約維持整個九月。

戰後初期也是金門人大量南下移民的時期，多數從廈門坐船經香港來到新加坡，當時英殖民政府實施所謂的「禁龜嶼」政策，將新移民隔離至龜嶼西側的棋樟山島（St. John's Island）檢疫站一週，之後繳納五元始能登陸本島。（註二八）

各駁船業者也各自插旗攬客，載運前往龜嶼大伯公廟上香的香客，在一九七〇年代來回一趟的船費為五元，由於東安的位置正對馬路，取得最優勢的地利之便，因此較其他估俚間來得容易生存，其生意也最為蓬勃發達。

「東安渡頭聯誼社」橫匾

一九七七年新加坡河整治，為求生存，林朝水、林成興、林水思、林長鏢等發起向社團註冊局申請註冊，隔年獲准命名為「東安渡頭聯誼社」。

一九七九年八月，東安渡頭聯誼社與其他在紅燈碼頭的駁船業者金長發、金和興、金合發電

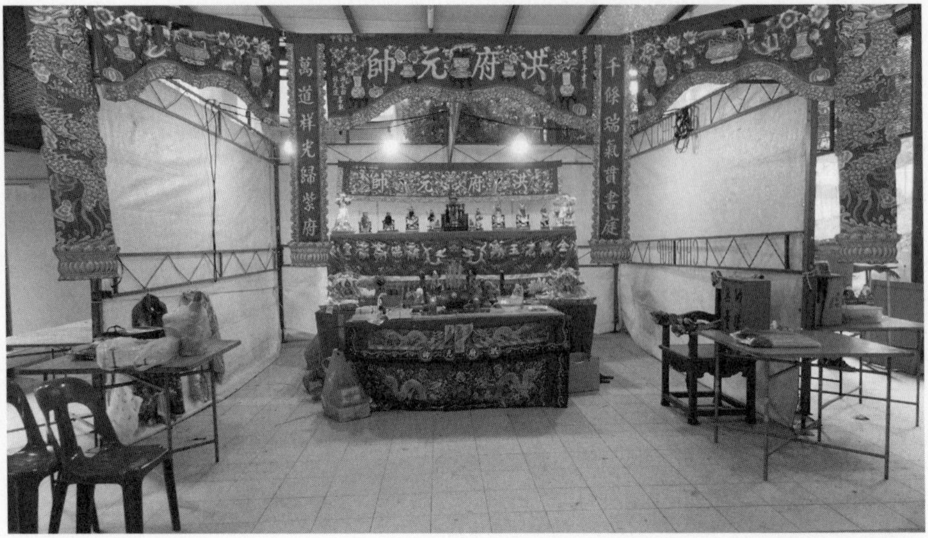

農曆四月二十一日建醮（2017.5.16）

船公會、合安摩哆舢舨聯誼會、星洲官山社、金浯山同鄉會、星洲湖峰社等，合組成「新加坡紅燈碼頭電船公會」，以維護鄉親權益，但對於未參加公會的其他金門人的駁船業，仍然提供協助。二〇〇六年四月一日再度配合新加坡河的整治與重建，再次遷往南濱海灣碼頭。

隨著時間的流逝，早期從事駁船業的先民已日漸凋零，在新加坡出生長大的第二、三代，在新加坡經濟的高度發展下，各自尋求更「好」的職業，而無意願接手家族駁船事業，在新加坡駁船界流傳著一句話：「有唐人頭家，無唐人駛船。」現今，東安渡頭已無東林人從事船舶載運工作，但東安渡頭還是由聯誼社出權利金向政府承租攤位，供烈嶼的鄉親使用該攤位，費用則由使用人於洪府元帥神誕日建醮時捐款添緣。

一九九二年東安渡頭聯誼社遷至位於芳林苑（Blk 531 Upper Cross Street #04-29 Singapore 050531）的現址，會內供奉原鄉東林「靈忠廟」境主「洪府元帥」，供桌上另供奉林氏的「姑婆祖」天上聖母媽祖

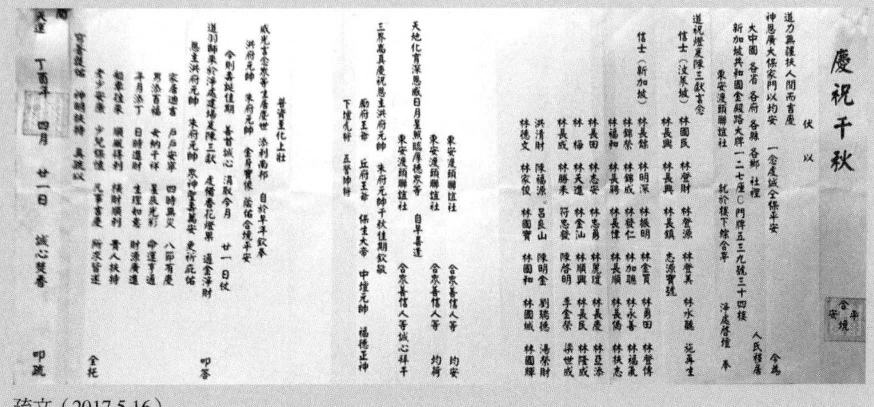

疏文（2017.5.16）

神像以及五營將軍，每年定期於洪府元帥神誕日前一天農曆四月二十一日，做敬建醮，並聘請道士頌經、獻敬、讀疏等科儀為神明祝壽。

洪府元帥神威顯赫，庇佑眾生，信徒遍及汶萊地區烈嶼僑民及新加坡來自其他省份的華人移民，於建醮當日共同參與；以下紀錄為二〇一七年新加坡東安渡頭聯誼社洪府元帥建醮疏文：（註二九）

> 慶祝千秋，伏以：道力無疆扶人間而言慶，神恩廣大保家們以均安，一念虔誠仝保平安，今為大中國、各省、各府、各縣、各鄉、社裡、人氏移居新加坡共和國金殿路大牌一二七座C門牌五三九號三十四樓東安渡頭聯誼社，就於樓下綜合亭，淨處啟壇。奉：道祝燈爰陳三獻言念
>
> 信士（汶萊坡）：林國民、林登財、林登源、林登美、林水廳、施再生、林長興、林長典、林長鎮、志源寶號。
>
> 信士（新加坡）：林長鏢、林明深、林振明、

林金買、林勇田、林登傳、林錦榮、林錦成、林發仁、林加聰、林永善、林福氣、林福和、林長聘、林長偉、林長順、林長僑、林扶志、林長田、林志安、林忠勇、林麗瓊、林長慶、林亞添、林梅、林天進、林金汕、林順興、林長民、林隆成、林長成、林勝來、符忠發、陳啟明、李金榮、梁世成、洪清財、陳福源、呂良山、陳明金、劉瑞德、湯榮財、林德文、林家俊、林國寶、林國和、林國城、林國輝。

東安渡頭聯誼社，合眾善信人等，均安。

東安渡頭聯誼社，合眾善信人等，均荷。

天地化育深恩感日月星照臨厚德眾等，自早喜逢，

東安渡頭聯誼社，合眾善信人等誠心拜于：

三界高真慶祝恩主洪府元帥、朱府元帥千秋佳期欽敬、勵（厲）府王爺，丘府王爺，

保生大帝，中壇元帥，福德正神、下壇虎將、五營帥將。

普資至化上壯，威光言念眾等生居塵世，添利南邦，自於早年欽奉：

洪府元帥、朱府元帥、金身寶像、蔭佑合境平安；今則壽誕佳期，善首誠心，渭取今月廿一日，仗道羽師來於淨處建場爰陳三獻，虔備香花燈果，通金淨財，叩答：恩主洪府元帥、朱府元帥、眾神聖壽萬安，更祈庇佑、家居迪吉、戶戶安寧、四時無災、八節有慶、男添百福、女納千祥、星辰光彩、命運亨通、年月添丁、日時進財、生理如意、財源廣進、船車往來、順風得利、橫財順利、貴人扶持、老少安康、少兒保懷、凡事吉慶、所求皆遂，全托，穹蒼護佑，神明扶持，具疏以聞

天運丁酉年四月廿一日誠心焚香叩疏

洪府元帥做醮餐會

當天晚上，由聯誼社舉行聯歡餐會，慶祝成立周年紀念，頒發會員子女獎學金，並廣邀汶萊、臺灣、巴生等各地鄉親及新加坡各地華人社團代表共同慶祝，藉著洪府元帥做醮餐會的舉行，用以聯絡鄉情，交換訊息及加強族群團結。

一九七八年東安渡頭聯誼社改組創會，首任會長為林成興，一九七九年第二屆由現任會長林長鏢接任至今。林長鏢一九四六年出生於烈嶼鄉東林，當時兩岸情勢緊張，戰爭一觸即發，一九五六年為了躲避戰禍，隨祖母、母親和姊姊到新加坡與父親團聚；一九六二年，他以優異成績考進華僑中學，然而，昂貴的學費，並不是林家所能負擔，不得已只能輟學在一家電器行打工充當學徒，學習電器裝修工程，為了增進知識，他利用夜間到電器職業班進修，結業後，他即轉到規模較大的電器公司工作。

一九六五年，他遠赴汶萊打工，初期只能承包一些小工程，之後收入日漸穩定。一九七一年他回新加坡結婚，然後攜帶新婚妻子再至汶萊打天下，因為有叔父林水廳的從旁照應，讓他工作進行得相當順遂，事業也逐漸茁壯。

一九七二年林長鏢再回到新加坡承攬工程，事業漸有所成。一九八二年，與友人合資創立「明興電器工程有限公司」。一九八九年公司由他獨資經營，由於林長鏢人脈廣、服務好、有口碑，公司業務快速成長。

林長鏢事業有成，仍不忘回饋照顧過他的鄉親，自一九七五年擔任東安渡頭聯誼社主席起，每年捐款五千元，做為社團的經常開銷；在一九八八年又率先捐出一萬元，成立東安渡頭聯誼社獎學金，此獎學金還惠及汶萊的東林鄉親子弟。此外林長鏢亦積極參與鄉團事務，一九七〇年代他加入浯江公會成為會員，一九八二年獲選成理事，一九八六年他獲選進入金門會館董事會。目前分別擔任這兩個宗鄉團體的副主席一職。

自一九八二年首次參加浯江公會返鄉出席華僑之家開幕典禮後，他多次偕同太太陳如新返鄉，對家鄉建設不遺餘力，如金門華僑之家、東林林氏家廟、東林靈忠廟、烈嶼保生大帝廟、金門城隍廟等重建，他都慷慨解囊，踴躍捐輸。（註三十）

註二六：資料引自：江柏煒，《星州浯民：新加坡金門人的宗親會館》，二〇一〇，金門縣：金門縣文化局，頁四八。

註二七：參考網址：https://zh.wikipedia.org/wiki/%E9%BE%9F%E5%B1%BF（二〇一七／七／十七）。

註二八：同註二六，頁一六五～一六七。

註二九：紀錄：林福德、林水清（二〇一七／五／十六），作者綜合整理。

註三十：呂紀葆，《我從金門來》，頁一〇二～一一二。

第二節 落番的下一站：汶萊

一、汶萊的地理與歷史背景

汶萊位於馬來群島中最大島嶼婆羅洲的西北角，北臨南中國海，其餘與砂勞越接壤，整個國土被砂勞越所分割環繞，是北婆三邦之一。

一九八四年，汶萊獨立，首都為斯里巴加灣市，為多種族國家，全國約三十餘萬人口中，馬來人約占七〇%，華人約占一五%，許多為金門及福建移民；其中超過 七成是來自烈嶼，是當地華人社會最主要的方言社群，經濟實力雄厚。（註三一）

十九世紀後段，新加坡採開放政策，免簽証，故吸引許多烈嶼人前往，是海外移民者的首選，二十世紀初，同屬馬來亞聯邦的「汶

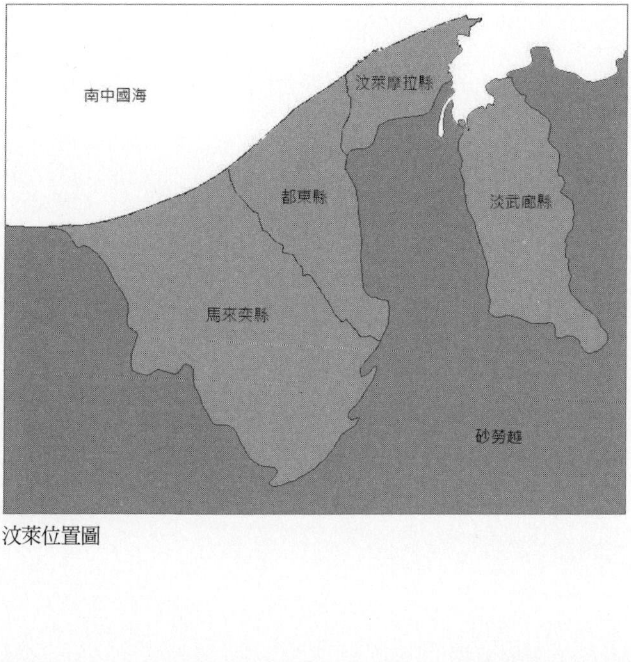

汶萊位置圖

烈嶼人所開設商店——復源號（1990代）

萊」，在一九二九年發現石油成為產油國，經濟高度成長，故許多新加坡的烈嶼人，轉往汶萊發展或者是落番客以新加坡為中繼站再往目的地汶萊。

二、烈嶼的移民及社團：

烈嶼人移民汶萊的歷史已相當久遠，《金門華僑誌》記載，早在一八三五烈嶼后宅人張芬即前往汶萊開墾定居；（註三二）一九二九年汶萊發現石油，從新加坡及香港招募許多華人技工前往開採，在一九三〇～一九六〇年代，汶萊與新加坡交通順暢，有不少烈嶼人是先至新加坡再往汶萊發展，如劉錦國在一九三八年，由廈門、汕頭到香港，再轉搭「金馬號」輪船抵達新加坡，他在新加坡逗留年餘，一九四〇後經納閩島再到汶萊，投靠大姊；林水廳一九四七年搭船抵達新加坡，先在紅燈碼頭划舢舨，一九五六年再轉赴汶萊；李永鳳一九四八年，在汶萊的五叔李仁義幫他從烈嶼坐船到廈門，再搭火輪途經香港到新加坡，再換輪船到達汶萊。洪瑞泉在一九四九年，廈門淪陷之前，跟隨母親從烈嶼搭船到廈門，再從廈門到新加坡，不久即隨母親來到汶萊。

除此，也有不少烈嶼人是往來於新加坡和汶萊之間：王金紀一九三一出生於汶萊，小學畢業後，負笈到新加坡，進入華僑中學就讀，中學畢業後於一九五一再回汶萊；林景坤的「豐源坤記」商號，經營橡膠買賣，在汶萊收購後再載往新加坡出售；陳天振，祖籍烈嶼鄉西方，父親陳起，母親羅氏，在鄉務農。陳天振有四兄弟，他排行老么，大哥文啓，在新加坡經商；二哥文徵，在汶萊經商；三哥水龍，在鄉梓務農；吳福氣和林推呼合組「合記」公司，主要是從新加坡進貨，再運來汶萊銷售。（註三三）

前文所述新加坡東安渡頭聯誼社的組織中，名譽主席及頭家也納入汶萊的鄉親，如林清江、林登遠、林聯皮、林水廳、林國民，或由聯誼社建醮疏文中，有許多汶萊鄉親熱烈參與，足見兩地烈嶼鄉親往來密切，也說明了早年新加坡做為轉口交通要塞的重要地位。

汶萊的華人社團成立於二次戰後，但雖然汶萊華人中以烈嶼人居多，但是皆未以「烈嶼」或是「金門」為社團命名，主要的華人社團如：由三百二十六家華人商號共同發起「汶萊中華公會」，其中金門籍佔一百五十九家，當時，中華公會的主要會務方針是擔任政府與華社的溝通橋樑角色，一九四七年「中華公會」改名為「中華商會」，由祖籍烈嶼的丕顯拿督林清注出任商會首任會長。

「金涪江碼頭工友公司」主要由一群來自金門的汶萊僑民、從事碼頭起卸貨物的搬運工所成立，一九八〇年代以降，因汶萊進出口業務大增，「碼頭工友」代理各商行的業務加重，進一步註冊為「金涪江碼頭工友公司」。

一九七七年成立的「中華民國旅汶僑民協」，是旅居汶萊六萬華僑共同的僑務社團，其中祖籍金門就佔一半以上，歷屆理事主席到理、監事成員，幾乎都由金門縣烈嶼人擔任，會員來自東林、青岐、后頭、西宅、西路，上庫、雙口等村落。一九九〇年代，因為政治因素，協會名稱更改為「中華臺北旅汶僑民協會」。

一九九六年來自烈嶼的林德甫召集福建鄉親商討籌組福建會館事宜，並推薦烈嶼人洪瑞泉擔任籌委會主席，一九九八年正式成立，由洪瑞泉擔任首屆主席。

三、烈嶼原鄉信仰的異建重建：汶萊騰雲殿

汶萊為伊斯蘭國家，但位於首都斯理巴加灣市有座寺廟－「騰雲殿」為華人信仰中心，殿內所供奉神祇為境主「廣澤尊王」，其他神明還有「玄天上帝」、「關聖帝君」、「保生大帝」、「哪吒三太子」、「註生娘娘」及「福德正神」。

騰雲殿，原名騰雲寺，創建年代不詳；一九一三年，當地華人集議，決定在汶萊河畔建一永久寺廟；由當時的拿督天猛公石文熟獻出土地一塊，由曾受記負責廟宇建築之興建，建築總造價為八、〇七五汶萊幣；一九一八年六月二十三日騰雲寺落成奠安；完工後的騰雲寺，起初由「春源好」及「捷成號」兩家商號輪流擔任爐主頭家，負責神明祭祀醮儀操辦及廟務處理；之後隨著華人移民的增加，騰雲寺的信眾日逾增多，才決定以卜筊決定爐主頭家，還規定爐主不得連任。

二次世界大戰期間，騰雲寺遭聯軍炸毀；一九四六年林德甫發起重建，除率先捐獻外，並號召當地信眾共襄盛舉；一九五八年騰雲寺改建，由於烈嶼鄉僑與皇室關係良好，廟址土地是由當時汶萊蘇丹所贈送，還捐獻汶幣四五、〇〇〇；建築形式採雙進加左護龍，閩南式的翹脊，屋頂以當地青瓦鋪設；大門立有四柱三間傳統牌坊，在伊斯蘭國度的街景裡顯得十分特殊；並自烈嶼延聘林松杞為廟內彩繪壁畫，一九六〇年完工，正式更名為「騰雲殿」，同年十二月二十山日舉行了奠安慶典，邀請當時英國駐汶萊第一任最高專員懷特爵士主持落成開幕典禮、王仁程先生主持開啟廟門儀式。

林天助的壁畫

汶萊騰雲殿（2013）

一九八二年，騰雲殿再次整修，自金門烈嶼中墩延聘壁畫大師林天助到汶萊，壁畫內容以「三國演義」為腳本，將傳統「忠孝節義」的精神，以連環圖畫方式精彩呈現，牆壁上緣繪上民間信仰中的「三十六官將」，增添騰雲殿的神聖性，經八個多月，翌年孟秋完成；完工後特別延聘烈嶼的「師公」道士洪彬文及其「鼓吹隊」，依烈嶼地區傳統民間風俗，主持奠安慶成科儀。

做為汶萊華人主要的信仰中心，騰雲殿提供當地華人「問佛」及「收驚」的服務，在一九五〇～一九九〇年代，由來自烈嶼西方「上帝公」的乩身葉天扶、法師洪十全及青岐「太子爺」的乩身蘇天賜、「桌頭」許有全等主持，每當信徒有「求神」的需求時，廟方會務會藉由「打金鼓」、「唸咒」、「燒紙頭」請神明上身，為信眾消災解厄；一九九〇年代後期，蘇天賜返回烈嶼而葉天扶年齡漸長，在無後繼「童乩」接手下，才結束問佛的服務。

農曆八月廿二日，為傳說中的廣澤尊王聖誕，廟方每三年定期「做敬」建醮為神明祝壽，在一九六〇～七〇年代，政府允許騰雲殿奉祀神明遶境，每年農曆八月十五於信眾將神輦抬出，神輦由烈嶼西宅林春用父親所製作，出巡於汶萊首都斯市的主要街道，在一九七〇年代後期，遭當地土著以宗教為由破壞騰雲殿建

遶境（蘇清錬提供）

1960年代汶萊騰雲殿廟會（蘇清錬提供）

築及相關神像，汶萊政府為顧及族群合諧，不得不禁止華人的神明遶境，但於廟內所舉行的建醮科儀仍照常舉辦。（註三四）

一九八〇年代由烈嶼的洪彬文道長依烈嶼民間傳統主持科儀，之後雖受限於交通，改就近聘請新加坡、馬來西亞等地的華人道士前往，但為確保醮儀的「神聖性」，在醮儀舉行前，會先請道士提供「科儀流程」，或廟方要求依傳統流程進行儀式。以下分別紀錄二〇一二年騰雲殿「做敬」流程，如下表：

二〇一二年騰雲殿「做敬」流程

日期	農曆	時間	儀式
九月二十七日	八月十二日	8:00 PM	放軍
		9:00 PM	犒軍
十月五日	八月二十日	4:00 PM	淨油
		6:00 PM	起鼓、發表
		7:30 PM	請神
		8:30 PM	請玉皇大帝、掛榜，開朝天寶懺

做醮（2012）

1960年代汶萊華人迎神遶境（蘇清錬提供）

十月六日	八月二十一日	9:00 AM	早朝奉茶
		10:00 AM	起鼓奉茶
		1:00 PM	做午供，拜朝天寶懺
		7:00 PM	拜朝天寶懺
		8:30 PM	進天曹，關祝百神燈，禮拜三界萬靈聖燈
		9:00 PM	晚供
十月七日	八月二十二日	8:00 AM	早朝奉茶
		10:00 AM	起鼓，做大清供
		11:00 AM	獻生、獻熟，做大壽
		2:00 PM	入醮
		3:30 PM	過平安橋
		5:00 PM	送天公，犒軍，佈施無主孤魂
		8:00 PM	鬧廳
		10:00 PM	送眾神，入廟安爐供

2012林水廳全家福

2012林水廳自宅門楣處書寫「西河」

四、東林戲仔的海外傳播推手：林水廳

林水廳，一九二七年出生於東林，幼時父親過逝，母親為了生活改嫁羅厝，林水廳的童年生活極為貧苦，村中長輩憐其孤苦而予以接濟；一九三〇年代東林成立歌仔戲班，年僅九歲的林水廳便開始學戲，十一歲就參與演出四處巡演。

一九四七年林水廳搭船來到新加坡，初期先在紅燈碼頭划舢舨，後來賺了錢，把舢舨改裝成電船，並拿到開電船的「執照」，即以開電船為生。

當時新加坡華人社團「南管」需人手，由於林水廳年輕時的歌仔戲背景，他遂成為該南管戲曲老師。

一九五〇年代，林水廳來到汶萊，初期從事什貨批發，後開立「康寧」商號，經營藥品買賣，事業有成。

當時汶萊有一高甲戲班，因無師傅教戲而停止運作，風聞林水廳具戲劇專長，特聘他為戲劇教導，由於汶萊法令規定，社團成員必須要戶口登

汶萊群聲歌仔戲團演出（蘇清鍊提供）

記，林水廳因無戶口登記，只能掛名為名譽教導，林水廳不以為意，工作之餘指導劇團，將幼年所學傳授給學員，這項工作是純義務性的，是沒有酬勞的，演出類型也由高甲戲改為歌仔戲，將故鄉「東林戲仔」的傳統文化於海外散播開來。

註三一：江柏煒，〈華僑跨國網絡的形成及其文化互動：烈嶼及汶萊的案例研究〉《二〇一三閩南文化國際學術研討會成果冊》，二〇一三，金門縣：金門縣文化局。

註三二：李怡來編纂，《金門華僑志》，一九七一，金門：金門縣文獻委員會，頁七八。

註三三：資料來源：董群廉，《金門鄉僑訪談錄（二）——汶萊砂勝越篇》，二〇〇八，金門：金門縣政府。

註三四：林水廳口述，作者整理。（二〇一二／十／八）

第三節　遷居臺灣及「烈嶼公共事務協會」

烈嶼與臺灣的往來，開始甚早，明代陳第所著《東番記》記載：「野史氏曰：異哉東番！從烈嶼諸澳乘北風航海，一晝夜至彭湖，又一晝夜至加老灣，近矣。」在風向轉北風之時，只要一天一夜，由烈嶼出發就可抵達澎湖，再經一日夜，就可到達臺灣。

西元十七世紀，荷蘭人佔據臺灣，當時稱做「大員」，烈嶼位於臺灣與大陸的必經要衝，與二地的往來非常密切。當時佔據臺灣的荷蘭人為管理往來兩地的船，在大員（今臺南安平）設立據點，進行檢查、收稅和核發捕魚執照等；據謝重光引自荷蘭人《大員商館日志》，在一六三三年至一六三八年，來自於烈嶼漁夫的戎克船，載著米和鹽前往臺灣附近海域捕魚，而返程則滿載魚鹽回去，除了漁獲之外，有時漁船還充當商船，載運赤瓦、柱子、白腊、金條、鹿皮、鹿肉等民生用品往來兩地，（註三五）這些漁民成為早期開闢臺灣的先驅者。

一六六一年，鄭成功收復由荷蘭佔領之臺灣，次年，鄭成功病亡於臺灣，鄭經東渡臺灣即位，鄭氏父子接連出兵臺灣，當時就有不少烈嶼子弟隨軍前往臺灣，據張火木引述臺南文獻會的《安平採訪外記》中「在安平的山仔頂，所見纍纍墳墓，墓上所刻的地望以金門、烈嶼最多，同安次之。」（註三六）

相傳東林林氏傳自第二代即有往外移民的紀錄，據林氏二房族譜記載，第二世長子即分支遷往臺灣淡水定居；另傳說林氏於第九世前，頂房人氣勢凌人，常有欺負三房人之說，故當第九世習山拜官後，頂房人怕三房報復，於是遷至臺灣彰化，然近年來經多次查訪，仍無所獲，有待進一步確認。

一九四九年兩岸分治，臺灣、金門同屬國民政府管轄；一九五八年八二三砲戰爆發，為了躲避戰亂，政府主導大規模的移民，居民搭乘軍艦後撤至臺灣，據統計，在此期間前後三批共有六五九〇人，政府為照顧安頓遷臺民眾的長期生計，發放每人三千元的安置費，希望分別定居各地後能自謀工作或做些小本生意，各尋出路。這些疏遷臺灣的民眾，有工作技能者僅佔總人口數的百分之三十，無工作技能者佔總人口數的百分之七十。（註三七）

在這波大規模的的移民潮，有不少東林村民在政府的協助下，躲避戰火，遠渡重洋赴臺定居。

冷戰時期，金門實施「戰地政務實驗」，實施戒嚴軍管，將全民納入戰鬥編組，支援協同軍隊聯合作戰，每年數十天的年度訓練，居民必須放下自身農作，全力配合，不但沒有軍人的糧餉薪資，就連中餐、制服也要自備。在一九六〇年代，臺灣經濟高度發展，各項建設與民間企業均需要大量勞工，因此許多村民一方面逃避軍事勤務，一方面也為生計著想紛紛赴臺謀生定居。

據村老林登添回憶，一九五六年那年，他剛滿十五歲，在家鄉並無工作機會，且即將納入民防隊，因此在姐夫的介紹下，乘坐軍艦渡海到臺北縣（現新北市）萬華玻璃廠上班，當時玻璃廠生意非常好，訂單多到做不完，他憑著年輕每天上班十二小時，每日十元工資，扣除吃飯錢，每月還能存些錢寄回金門；工作一年多，某日在宜蘭員山巧遇曾在烈嶼服役的七十五師汕頭兵詹漢標，當時烈嶼七十五師正興建「烈嶼軍人公墓」，因該工地位居東林村郊，參與該工程的「阿兵哥」與東林居民普遍交好；詹君退伍後，在臺北松山聯勤武器兵工廠旁開設一間理髮廳，二人他鄉相遇，詹君願意提供「理髮學徒」工作給他，林登添除了學習理髮技術外，還要打水、清潔等打雜工作，由於膽大心細，做事認真，師父毫不藏私傾囊相授，二年後出師藝成才返回金門執業。

此外根據一九八〇年「臺閩自由地區戶口普查，金門籍居位於臺灣省者有二一、二一六人，臺北市有四、二二五人，高雄市有一、四五二人，而居住原鄉金門者有四九、二四五人，由以上統計，旅居臺灣金門籍者共二六、八九三，相當於原鄉人口數的五五%。

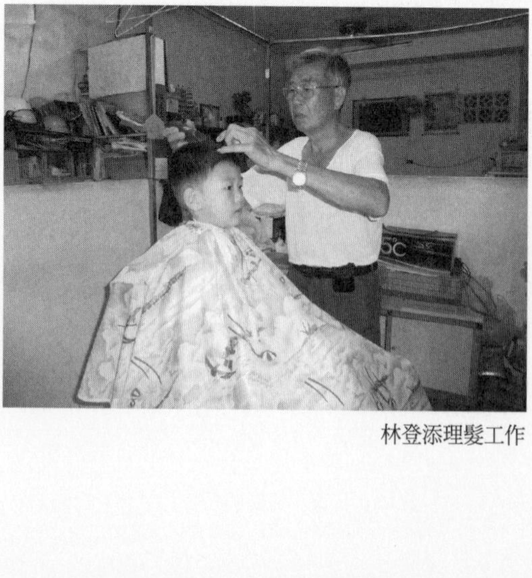

林登添理髮工作

金門移居臺灣後，人地生疏，基於互相照應，都會呼親引故地群居在一起，形成一小圈圈，而每一小圈圈又互相往來，如連鎖環般的緊密結合，鄉親有急難則互助幫忙，內部糾紛則設法排解；在金門時，分居各地，也可能互不相識。而來臺灣後，自然因「金門人」的地緣招牌而結合，進而籌組成立「同鄉會」組織，並依法向當地政府辦理登記核准，凡是金門同鄉均可成為會員，同鄉會平時聯繫鄉親情誼，並以團結互助同鄉力量為宗旨，對於鄉親急難恤貧助弱等公益不遺餘力，服務項目包羅萬象，舉凡婚喪喜慶、特別是金門在戰地政務時期，各種證明、為歸國鄉僑代辦往返金門手續、代排機位船位等等都包括；每一同鄉會會依據其宗旨招募會員，而各地金門籍人數也不一，故各地同鄉會會員人數多則達數千人，少則僅有數百人。如成立於一九七〇年「臺北市金門同鄉會」和「新北市金門同鄉會」，緣起於一九五八年八二三砲戰大規模的金門移民潮，初入臺時設戶籍、找房子、謀職業、升學、轉學等需求而成立，是旅臺金門人最早成立的社團；另一九七二成立的「高雄市金門同鄉會」，早年為搭乘軍艦往返高雄、金門兩地鄉親提供住宿服務，也為等候軍艦回鄉的遊子，提供協助搬運行李，安排搭乘火車等多元的服務。（註三八）

這些渡海赴臺的東林村民，散居在臺灣各地，依其地緣參加當地的「金門同鄉會」；一九九二年，「烈嶼公共事務協會」成立，會員皆由單一純烈嶼人所組成，其成立宗旨為旅臺烈嶼鄉親提供服務，是個跨地域的宗親會，成員遍居臺灣各地，首任會長由洪允典擔任，不少東林鄉親在會中擔任服務幹部，如第六、七屆會長林鴻圖，第十屆會長孫國欽，歷屆理、監事東林村民有林德勝、孫光明、林長建、許積源、許志忠、林長琪、林長勇、林長集、林衛君等人。

註三五：引自：謝重光，一九九九，《金門史稿》，廈門：鷺江出版社，頁一四五～一五七。
註三六：張火木，《金馬旅臺同鄉誌》，二〇〇三，金門縣：金門縣文化工作協會。
註三七：林金榮，《八二三臺海危機——金門民眾疏遷臺灣始末》，原文刊載於二〇一一／九／六《金門日報》。
註三八：同註三六，頁五六～五八。

第四節 往來烈嶼與金門之間

烈嶼為蕞爾小島，為金門縣轄下一個「鄉」，資源有限，四面環海，出入均需仰賴舟船；冷戰時期，金門為「熱區」，海島交通受管制，往來金門、烈嶼之間，依靠木造船「武昌號」、「閩江號」、「龍興號」、「海燕號」行駛，由於船小浪高，戰地軍方管制，航班少又極易停航，出入極為不便。島上最高學府僅有「烈嶼國中」，要上高中則必須跨海至金門本島就學，因此有不少鄉親自上高中求學起，便移居金門本島，如服務於縣府，現擔任「秘書長」林德恭，自求學階段便離開東林，畢業後擔任公職便一直居住在金門本島，因而落戶深根；曾任金湖鎮代表的林長鴻，早年投效軍旅，駐地在金門，退伍後繼續定居在金湖地區，目前經營醫療健檢業務；林長獻在金城鎮北門經商，事業有成。

由於金門本島與烈嶼同屬一縣，僅一水之隔，這些遷至金門定居村民，一方面融入當地社區，積極參與居住地公共事務，另一方面，每逢年節或原鄉村中婚喪喜慶場合，也會返回村中參與，他們的戶籍甚至依然保留在原鄉東林村。

一九九三年起，九宮碼頭陸續擴建，興建「浮動碼頭」方便船舶及人員上下碼頭，新式渡輪「富國號」、「浯江號」、「太武號」、「仙州號」加入運輸，船班由早期的來回四航次，逐漸增加至二十四航次，航班時間也由戰地政務時期傍晚起的宵禁延長至夜間十點，一連串的航運建設與軍方解除限制，讓金門、烈嶼之間往來更方便，以往為了工作或就學需要而移居金門本島的鄉親，因交通的改善而採每日通勤的方式，近年移居至金門本島的人口也逐漸減少。

第四章

聚落空間結構

第一節 風水擇址

「安身立命」是人類生存的最低需求；烈嶼孤懸海外，先民飄洋過海，遠渡重洋移民島上開墾落戶，尋求一安身立命之所在；「卜吉地而居」，選擇一個不受惡劣的環境干擾的場所定居，祈能建立起百年基業，為後代子孫尋求最適合的居所。

傳統農業社會，對於「風水」極為重視，晉朝郭璞：「氣乘風則散，界水則止。古人聚之使不散，行之使有止，故謂之風水。」，將山、海等地理景觀，區分形容為「龍、穴、砂、水、向」，「龍」：山脈走向，大環境地理形勢，穴；吉祥能量集中的地點，砂；土質的量與質的區分，水；河流、水源、湖海與帶動氣流的馬路，向；陽光、氣流、陰影等磁場能量的影響。對於人與自然環境的關係，主張「藏風得水」，又以「得水為要、藏風次之」的風水概念。

東林位於龍蟠山下，龍蟠山俗稱「龍骨山」，相傳龍骨山是兩條龍的化身，位於東側者靠近東林方者是「雄龍」，另一隻西側靠西宅的「雌龍」，雄、雌龍相向，庇佑著東林與西宅村民；龍骨山為二村莊的龍脈所在，每逢重要儀式，如宗祠、宮廟奠安，二村村民組成的追龍隊，自二龍相向的位置，為神明開光，並將代表吉祥福氣的「龍神」、「龍氣」藉由「追龍」儀式，引導請回村中庇佑村民。

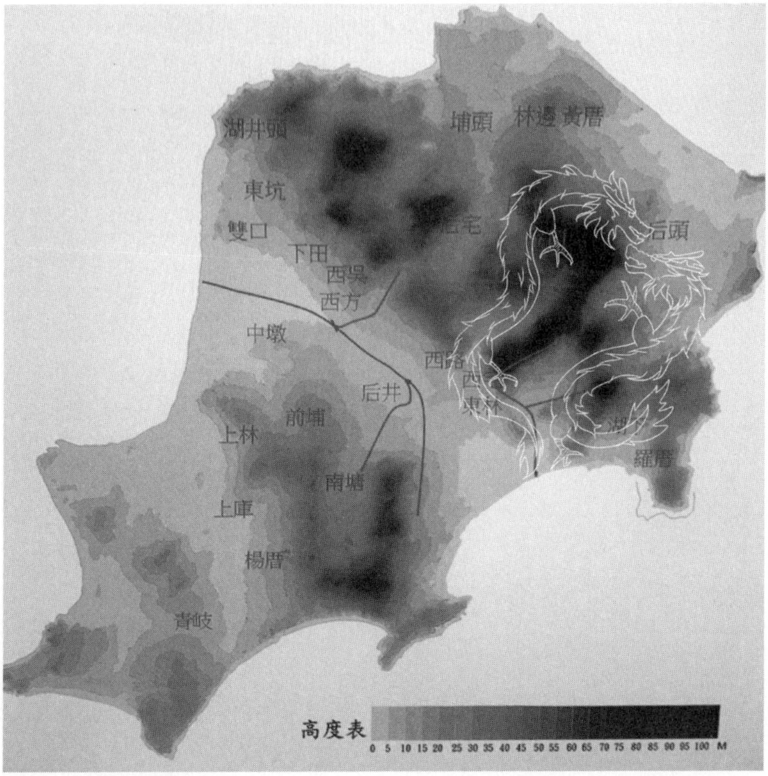

東林、西宅風水示意圖

村落的東南端，位置低窪，為舊時「西路溪」出海位置，風水學認為：「水可以使龍氣蓄積聚留。山不能無水，無水則氣散，無水則地不能養萬物，等於沒有生氣，也就不能成龍。水流所止之處，就是生氣聚集之所。眾水匯聚之處，形成池澤湖泊，就是真龍休息之地。」（註三九）此外，傳統觀念下，「水」代表「財」，留住水，即留住財，故東林村民於村郊低窪處興建「佛祖廟」，又稱「水尾宮」，藉以「鎮水尾、留財路」。

村郊濱海平坦處，舊時有七座土墩，稱為「墩仔」，頭墩位於頂湖溝旁，再依序沿著海岸為第二、三……至第七顆石墩，約略位於現今之海濱公園處，因排列位置有如「北斗七星」，故又名「七星墩」；相傳早年烈嶼瘟疫盛行，風聞大陸山頭村「林希元祖」香火鼎盛，法力無邊，乃至山頭分「希元祖」香火供奉，以祈求合境平安，東林供奉後，希元祖乩童傳旨東林應於湖仔一帶立「七星墩」，宗祠後應種榕樹，若此則東林境內才能平順安寧。鄉親信希元祖之神旨，依旨而行，果真神旨靈驗，合境平安；另有一傳說：相傳舊時東林村世風敗壞婦人不守婦道，女子常未婚而有身孕，聲譽不佳，故謔稱「東林七星墩，未嫁先有孫」，自立七星墩後，此種不譽之事即消失不再。（註四十）

整體而言，東林「背山（龍蟠山雄龍）面水（西路溪出海口、東林灣）」的風水隔局，再加上「水尾宮」、「七星墩」等佈局，村落呈現前低後高的「坐山觀局」的風水格局，實乃一處絕佳的風水寶地，孕育著世世代代，庇佑著子子孫孫。

註三九：余易，《風水宅典-實用建築風水》，二〇〇九，北京：北京科學技術出版社。

註四十：林長庶、林福德口述，作者整理。

第二節 村界範圍

東林「村」，又有「社」、「社里」、「境」、「鄉里」等說法；東林自林氏入住，歷經世代開墾，逐漸形成今日東林村的規模，其村界範圍包括東起白鶴山，延至湖下山坡；西起羅厝村界（約在舊憲兵明德班），沿石磨、頂湖溝、墩仔、下湖溝、海沙、烏南坑、頂石仔、小灣、皮仔尾、赤埕腳、大灣、三點金、再沿林井墓、大石、山腳仔、棘仔墓、安摩內、古椎的田、尖石、再延至赤土，后井村郊有屬東林林姓私地，東林北界起自長慶、金量、登保厝旁之大水溝，沿登保厝邊延伸至大塘（大池塘即今7-11商店）。

東林聚落的發展是以現今的靈忠廟為中心，而往外延伸築屋擴展，房屋座向背龍蟠山而面朝陽山，大略坐向為坐北朝南，民居比鄰聚集而居，整體呈現「梳式」的佈局型態；此外，以居民房屋為界線，又有「村內、村外」或「社內、社外」之分，即有人居住的範圍則為村內，反之則為村外，村內、外的界線隨著新屋的興建，而逐漸往外擴展，其範圍約相當於靈忠廟「鎮符」的範圍。

村內依開發時間的早晚及地理位置，再細分為「東林尾」、「東林」及「草埔尾」，其中草埔尾早年為一塊草埔地，一九四九年軍方駐紮後闢為教練訓練場，隨著東林市場的開通，人潮的聚集，房屋興建日愈增多而與村內相連，故現再無草埔尾的說法；東林尾位置在村東側，地勢較為低窪，由於較靠近海邊，較後期遷入的許、李、施等姓氏，大都居位於此。

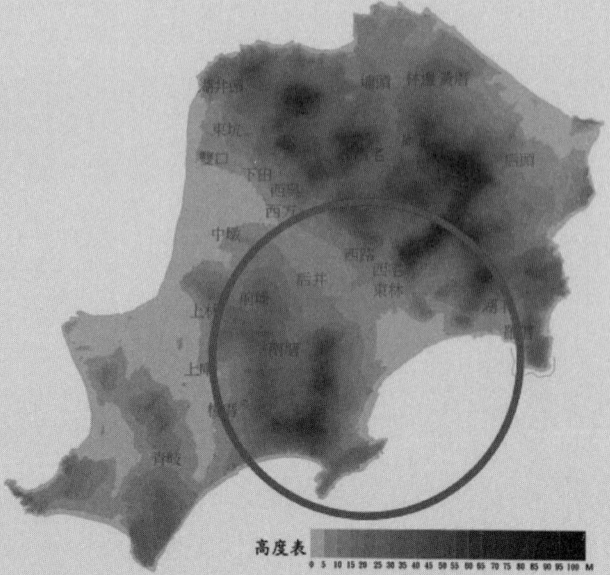

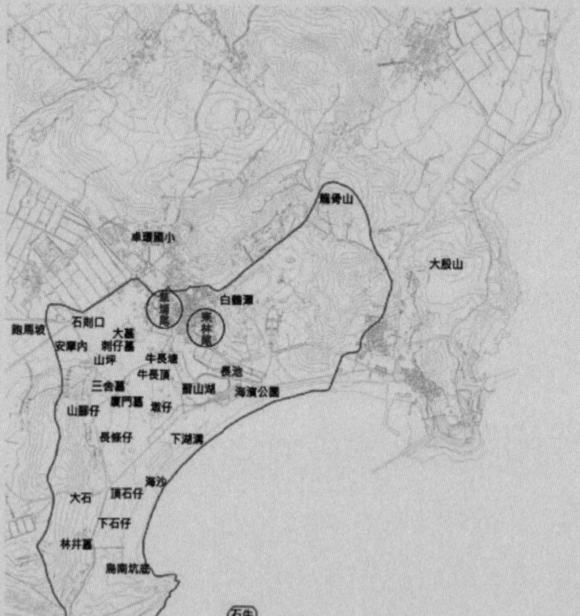

東林村界範圍及舊地名位置圖

第三節 村落地景：舊地名傳說

跑馬坡：

相傳為當年林習山訓練騎兵的教練場，位於上岐、上林之交叉路口一帶。

洗馬湖：

即今「習山湖」，為林習山訓練馬匹之洗馬、養馬處，位於東林南郊海濱，湖旁建有林習山紀念館，並立有石雕像。

安摩內：

位處陽山北山腳一帶，為東林與南塘的交接地。

刺仔墓：

傳為東林林氏開基始祖墓地，墓園背依陽山，面向牛長塘葬於「魯公土堆穴」。墓園墓樹高聳，原有墓碑誌。昔日為保護墓樹，嚴禁折枝砍樹，違者罰兩銀元，可惜民國四十年間，因軍事工事之需拆除目前只留墓樹荊棘。

石則口：

比鄰刺仔墓，為林習山二叔墓園，為示尊隆，墓為石墓，另豎有石筆、石獅。

三舍墓：

位於刺仔墓右側，為林習山三叔之墓地。

廈門墓：

金門曾隸屬同安縣，有稅吏至金門收稅銀，不幸病逝東林，鄉親為其處理喪事於此，因該稅吏為廈門人，故以廈門墓稱之。

海沙：

東林西郊東林灣為沙岸地形，海沙微細受浪潮沖積上岸，逐漸沖積形成「齊眉」高度之小山丘，故以「海沙」稱之；一九六〇年代是島上建材海沙的主要供應地，後因大量挖掘海沙，地層遭海水侵蝕甚多，現設有消波塊防止海水繼續侵蝕。

石牛：

東林西郊外海礁石，傳昔時因有牛隻偷吃田裡作物而被趕下海，化為石牛。

三點金：

東崗外海的三塊礁石，相傳是東林的最南端地界。

墩仔：

相傳以前做為鎮煞之用，於湖頭一帶立有土墩七座，祈求村落祥和康寧。

龍骨山：

相傳有龍脈於此，東林宗廟追龍或靈忠廟佛像開光，都選定龍骨山頂為「請火」聖地。

崎厝沙：

位於白鶴山（今稱為大殷山）東南山麓，相傳舊時船可自東林灣航行至山腳下，東林林氏先祖初抵烈嶼時暫居於此，後再遷至今日東林現址，前有白鶴塘，是背山面水的風水格局。

第四節 村落特色民居

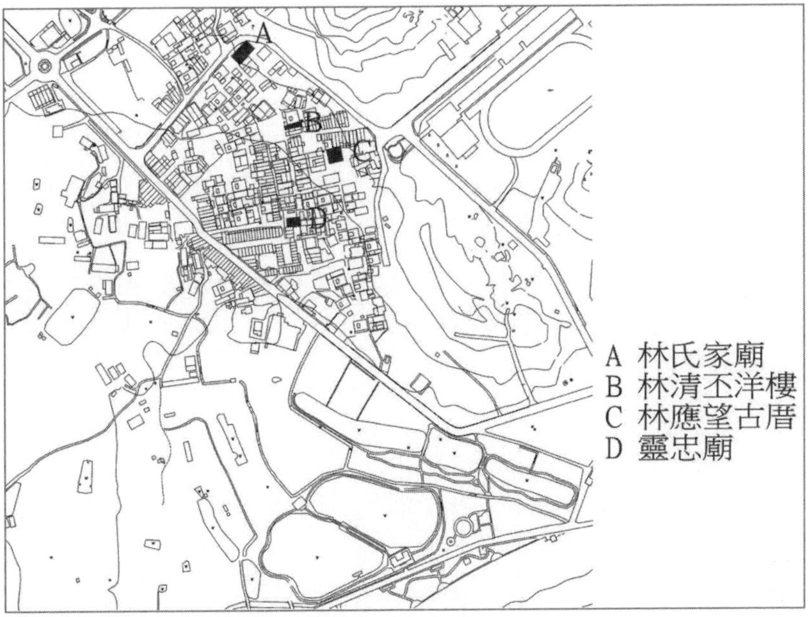

林應望古厝建築平面測繪圖（翁沂杰提供）

一、林應望古厝

位於東林村二十五號，一八〇〇年清嘉慶五年由林應望所興建，林應望年幼時父母早逝而生活貧困，年輕時即出洋至暹羅（今泰國）經商，奮鬥多年，中年時事業有成，返鄉購置今位於「長池」附近田產及興建此房屋，是當時東林最大的房子。

古厝由大陸籍匠師設計及施工，建築形式為一落四櫸頭，屋身構造明間為硬山擱嶺及十一架樑，建物正面下緣為花崗石板平砌、上緣為抹灰，側面下緣為花崗石條疊砌、上緣抹灰；櫸頭下緣為花崗石板平砌、上緣斗仔砌。

大廳正身立面鏡面牆有別於傳統磚石隔間，而以三關六扇門式木隔扇間隔，夏季時可拆卸通風，木隔扇上緣有象徵富貴的牡丹花透雕圖案，內側下緣石門檻，上緣漆白漆；廳堂壽屏正中央

書有「聚寶堂」之壽屏

古厝大廳正面

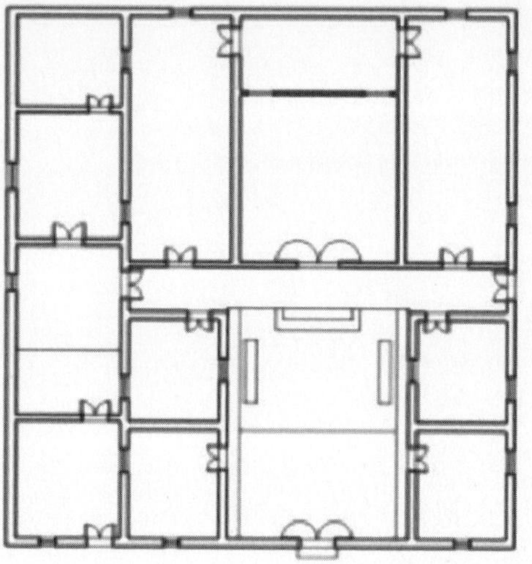

林應望古厝建築平面測繪圖（翁沂杰提供）

上方書寫「聚寶堂」，兩側為精美平塗壁畫，上層為木刻鏤空透雕以增加通風；燈樑兩側分別以牡丹花造型木構托架支撐，大樑中間彩繪「八卦」圖騰，兩側書有「五子登科、三元及第」，以期勉子孫求取功名。

林應望晚年時興起告老還家的念頭，將暹羅事業變換成現金僱船欲返回家鄉，因消息外洩，半路遭同安賊搶奪全部家產，幸運地保存性命返家安享餘年。

傳有一子林長英，林長英再傳二子林天發、林成興，因家裡人口眾多，約在一九二〇年代興建西洋式二樓之護龍；一九三七林成興下南洋到新加坡，從事「九八行」貿易工作，經營事業有成，為東林估俚東安渡頭聯誼社首任會長，砲戰之後多次匯款回鄉整修房子；現今屋主為林成興之子林騰輝與林大發之子林福棉共有。（註四一）

二、蕃仔樓：林清丕洋樓

林清丕洋樓位於東林村四十九號，一九二七年由林清丕出資，聘請大陸籍匠師設計施工，歷經八年於一九三五年完工奠安，建築物外觀為二樓層西式洋樓，又稱為「蕃仔樓」。

林清丕排行第五，上有四位兄長，大哥清富有殘疾，專門幫人「擇日」、「相命」，三哥幼年夭折，老二及老四清玉及清沙在家從事農作；相傳他自幼極為聰穎又富冒險精神，年輕時赴廈門經商，從事商品貿易，往來於廈門及南洋之間，事業經營極為成功，乃僑匯鄉里興建宅第，建物之材料均自大陸採購，村中有句玩笑話：「有錢丕叔公，無錢跛腳富」，一方面讚揚他事業有成，一方面也反應當時嫌貧

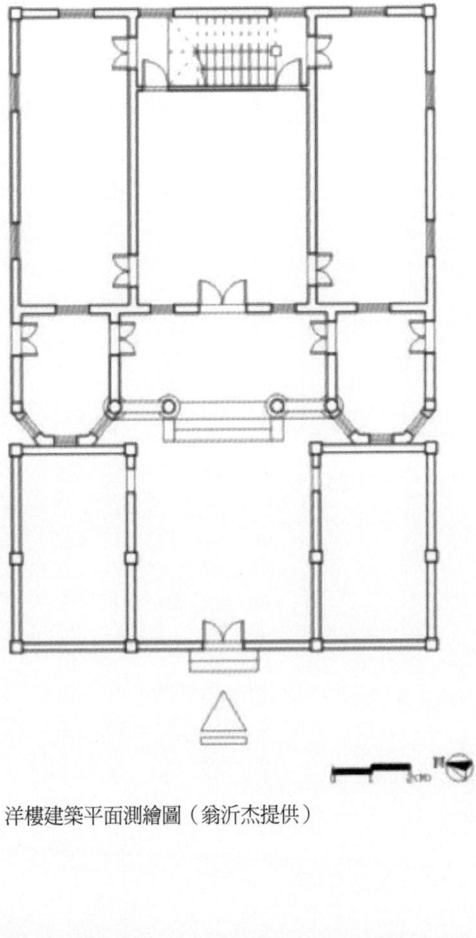
洋樓建築平面測繪圖（翁沂杰提供）

二樓神明廳

正面大門

愛富的社會風氣。

建築本體外觀正身下緣為花崗石板雕花，上緣為磁磚，擽頭以水泥重朔，天井為洗石子，對外窗戶裝置鐵窗防盜，一樓大廳壽屏為精美木隔扇，上緣木製縷空透雕，以增加透氣性；壽屏上有精緻彩繪，以象徵吉祥富貴圖案為主，並書有「蓬萊宮闕對南山，承露金莖霄漢間，西望瑤池降王母，東來紫氣滿函關。」以喻意房屋主人對於宅第的自負；房屋內部房間木製房門，上方以擂金畫木雕裝飾，門板上有「麻姑獻瑞」等吉祥精美彩繪，整體建築呈現雄偉壯觀、富麗堂皇的建築格局。

一九四九年國軍進駐，選擇此建物做為憲兵司令部，一九八七年增建三樓，並將擽頭改為水泥。（註四二）

註四一：林清渠口述，作者整理。

註四二：林長裕、林耀光口述，作者整理。

精緻彩繪的壽屏

洋樓內部彩繪房門

第五節　消失的地景：舊時水利設施

舊時生活以農業為主，水利為農業之本，而烈嶼氣候夏季炎熱，冬季北風凌烈，降雨集中在農曆二月至四月梅雨季及六月至八月颱風所帶來的豪雨，其餘月份則雨量稀少，冬季甚至嚴寒而無雨，民間有句俗話：「冬天雨，較貴麻油」，意即冬日少雨，其珍貴性更重於麻油，整體而言，年降雨量大約一、一〇〇公釐，遠小於年蒸發量的一、七〇〇公釐；島上僅有南塘溪與西路溪兩條旱溪，雨季時才有水流，又因地多丘陵，雨水一降即奔流入海；為確保生活及農作用水，除了寄望老天的天降甘霖外，先民運用智慧，挖掘水井，或沿水流挖掘農塘截蓄雨水，供給生活所需及農業灌溉；除了開挖水塘以外，現成的清渠，也是耕種用水的來源，但川橫交錯的溝渠，同時也造成村民行走往來的麻煩，為了解決交通行的問題，村民在清渠上設置簡易的便橋，以利走行；一九四九年國軍駐守，基於戰備需要，填土造地，市集的發展與人口的聚集，原本水塘、溝渠紛紛填土建屋，再加上一九六〇年代後鄉村整建及自來水的普及，舊有水利設施因功能被取代而棄而不用，甚至填為平地，以下依據村老口述，整理如下，以見証先民的生活與智慧。（註四三）

一、古井

東井：相傳原為洪氏居住在東林期間所開鑿，為石塊所堆砌而成，井水常滿，伸手即可汲水；據說於民國五十年間，林登助興建新屋整地，東井水量不再如以往之多，而常是井水見底。

宮後井：位在靈忠廟後方。

後宮井：位在林石麟屋旁，現已填平。

鹹井：位於林志學屋內。

大井：位於村郊，長堤旁，佛祖宮前，主要為農事用。

二、池塘

鴨母塘：今漁會處。

哈長腳塘：今三寶商店。

床埔池：許福利厝前。

白鶴塘：位於現在的複合式運動場，相傳舊時林氏先民初來島上開墾，其址於白鶴山下，即有背依白鶴山，前臨白鶴塘的有

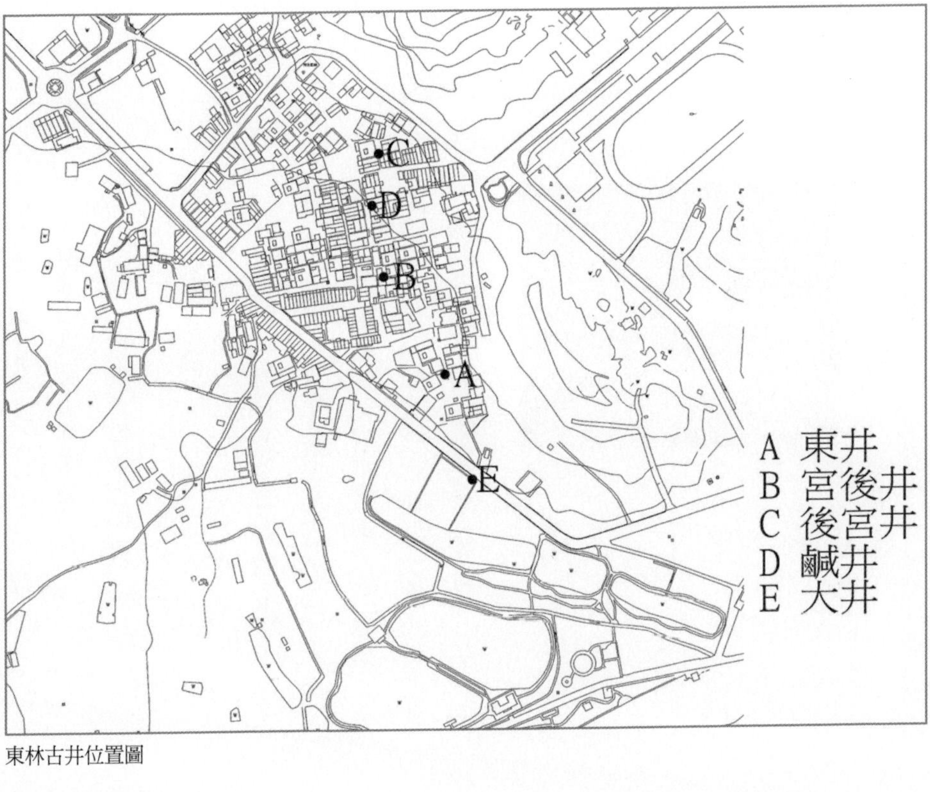

東林古井位置圖

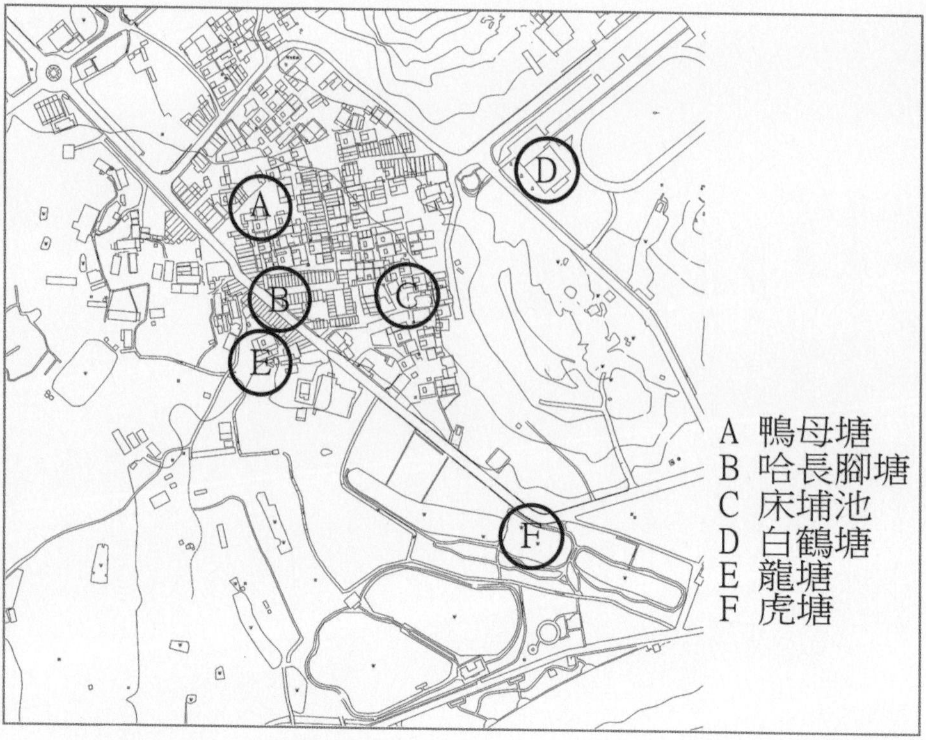

東林舊有池塘位置圖

山有水的風水說。

龍塘：洪萬福車庫處。

虎塘：位於長堤聯根田旁。

三、東林八橋

棋牌橋（約在金量豬舍地帶）、赤土橋、八仔溝、下江路（萬塔厝旁）、湖仔橋（振忠田頭）、三星灣橋（長堤尾）、湖頭橋（湖頭廟旁）、崎厝沙橋（又名湖下橋位於民眾公墓旁往湖下坡方向）。

湖頭橋

註四三：林長殊、林福德口述，作者整理。

第五章

村落的經濟

第一節　看天吃飯的生產活動

東林位於烈嶼島的中南部，龍蟠山與陽山之間的狹小平原帶，東南臨東林灣水域，南邊則為東崗海域；在一九四九年以前，其經濟活動主要以農業為主，再輔以部分近海漁業及牧養牲畜，維持「自給自足」的生活型態。

一、老天所賜的海洋資源

東林南郊東林灣，這一段的海岸屬於低緩平坦的沙岸地型，由於細沙常隨著海浪、海風而移動，因此底質很不穩定，無法提供藻類固著生長，物種相對匱乏，僅有農曆七月的蟳和農曆八月的部分沙蟹科螃蟹，俗稱「七蟳八蟹」及文蛤、花蛤等較大型簾蛤科適應此種環境。（註四四）

南邊東崗海域，為礁岩海岸，主要由花岡岩所構成，礁岩海岸具有堅硬的海岸底質，提供了生物穩固的棲地；（註四五）海洋生物種類多樣化，較長見的生物有藻類、藤壺、石鱉、海蟑螂、陽燧足、寄居蟹、螃蟹、玉黍螺、蜑螺、笠螺、鐘螺、珠螺、蚵岩螺等。

由於東崗海域有豐富的海洋資源，傳說東崗內藏有「十八桶金」，因鄰近青岐村，為東崗的土地歸屬，二村吵吵不休，甚至為此起了衝突，為了化解紛爭，雙方長老協議，以「經濟」實力來決定；當日，雙方相約攜帶「白銀」至東崗海邊，依序向大海扔擲白銀，那一村

傳說東崗內藏有「十八桶金」，後因開採花崗石地景嚴重破壞

「錢」多，東崗就屬於那一村；由於當時青岐位居島的南端，離大陸較近，加上土地肥沃，漁產豐富，青岐村在經濟上佔有優勢，東林村民自覺沒有勝算，故以「偷雞」方式，在所攜帶白銀堆裡夾帶「瓦片」冒充，最後取得「比賽」的勝利，贏得東崗的所有權。

東崗對岸的「石牛灘」，距離東崗僅數公尺，漲潮時僅有部分礁岩露出海面，退潮時再呈現出整體礁石，是東崗海岸的延伸，石牛灘由於較長時間位於海平面以下，海洋生物如螺類生長快速，為東林村民主要的近海螺類取得的主要來源。

也由於東崗海域為礁岩地型，適合船隻上下，故為東林村民出入的港口，在一九二〇至一九四〇年代，出入於東崗海岸的船隻，有二艘是屬於東林村民擁有的，分別是林昆崙（林水木父親）、林聯迭（林登開父親），船隻主要的工作是受託載送人及貨物至廈門或金門本島，閒暇時再於近海撈捕小型魚類。（註四六）

烈嶼山多田少，耕地有限，而落後的農耕技術，收成完全依賴上天賜予，乾旱、風災往往左右老百姓的肚皮，收成完全仰賴老天爺保佑；所謂「一枝草、一點露」，東崗海域沙灘上「蛤仔」，礁石上的「螺仔」，都是老天爺賜予東林子民，變成一道道桌上的佳餚。

每當海水退潮時，農村婦女在忙完家事後，相約前往東林灣沙灘挖掘蛤仔，回家後經過「吐沙」等程序，將蛤類內部的細沙清理乾淨後，簡單烹食即可食用。

而往南的東崗海域和石牛灘的礁石上，一顆顆碩大肥美的螺仔，便成為居民的最愛；特別是在春天時，海藻歷經冬季陽光稍歇的滋長，遍佈整個海岸，恰好提供螺類生長的養份，當刮起南風起霧時，一顆顆螺仔，不論是「珠螺」、「火螺」「苦螺」都自石縫裡鑽出，佈滿海岸礁石；居民依據經驗，選擇海水退潮時，所謂「春天涔透早、夏天涔半暝、秋天涔中晝、冬天涔下晡」，意即不同季節有不同挖掘時間，村民以自製簡易鐵勾，將螺仔自礁石勾出，撿拾放進藍子中，片刻之間，已裝滿一籃。

東林灣產少量的海蚵，村民協力剖蚵

滿籃的螺仔，經過簡易清洗，即可食用，最常見的景象是：老祖母坐在門前石階上，自盤髮中取出髮簪，再以髮簪將螺肉自殼中挑出，而石階前早以站滿張口等待的小孩，有如餵食雛鳥一般。

豐收的螺仔，當日未吃完也不會浪費；居民們將螺仔底部的敲碎，裝入瓦罐，以鹽巴醃製儲存，以做為日後的佐飯菜。

二、看老天臉色的收成：

烈嶼氣候夏季炎熱，冬季北風凜烈，降雨集中在農曆二月至四月梅雨季及六月至八月颱風所帶來的豪雨，其餘月份則雨量稀少，冬季甚至嚴寒而無雨，民間有句俗話：「冬天雨、較貴麻油」，意即冬日少雨，其珍貴性更重於麻油，整體而言，年降雨量大約一、一〇〇公釐，遠小於年蒸發量的一、七〇〇公釐；（註四七）島上僅有南塘溪與西路溪兩條旱溪，雨季時才有水流，秋冬時則呈現乾涸，故烈嶼的農作以「旱性雜糧」為主。清《金門志》記載：「島地斥鹵而瘠，田不足於耕．近山者多耕，近海者耕而兼漁．水田稀少，所耕皆磽确山園，栽種雜糧、番薯、落花生豆，且常苦旱歉登．又無陂塘可以灌注，但於隴頭鑿井立石為桔槔以灌之．務農者，最勞力習苦。」（註四八）

春天，萬物滋長，草木漸漸萌芽，農曆三月，春雨綿延，天氣漸暖，大約是清明節前後，農民開始耕田播種，在一九三〇至一九七〇年代，當時的烈嶼戰禍延年，日軍侵華佔領金門，國共內戰，砲火連天，不少男丁為躲避戰禍，「走日本」、「走壯丁」等各種理由，紛紛跨海離鄉出走，遠赴南洋「落番」，島上以婦女、兒童和老人佔大多數，而播種必須配合「天時」節氣才能有較好的收成，故在春天播種農忙之時，村民是採「換工」的模式，先集體至某家幫農，完工後再依序到其他家田裡幫忙，和老天搶在春天完成播種。

在一九四九年以前，主要的作物有高粱、小麥、玉米、地瓜、花生等耐旱性作物。

地瓜

又名「番薯」、「安薯」，由於抗病蟲害強，栽培容易，是島上最重要的雜糧作物，也是居民最主要的食物來源。清《金門志》記載：「穀之屬地瓜：金門無水田不宜稻，故遍地皆種地瓜。終歲勤勞，所望祗此。若年歲豐登，僅供一年之食。其粉，較他處優良。至於黍、稷、菽、麥、亦間之，特所產少耳。」（註四九）

地瓜一年四季都可耕種，但由於耕地有限，一般而言農民會在春天播種其他較高價值的作物，而在農曆四、七、八月，農地空暇時種殖地瓜，故又稱為「吃四季水」；大約三至四個月，即可收成。

收成後的地瓜，除可立即食用外，為了能延長保存的時間，將地瓜去皮，利用「銅銼」或較大型的「菜銼」，將地瓜刨成籤狀或片狀，曝曬在屋頂或大埕上，曬乾後成為「安籤」的地瓜籤；曬乾後的安籤可長久貯存，吃時可直接煮熟，味道稍為苦澀，咀嚼後帶點回甘的氣味，在舊時是居民主要的三餐糧食。

地瓜籤的煮法可直接煮食，或者摻入玉米、小麥糊一起煮以增加口感及飽足感；若有客人來時，會在安籤湯中放點米粒來款待客人，再佐以醃製的螺仔、小魚之類的鹹菜配餐。此外地瓜「洗」成地瓜粉，是

耕作

年節祭祀，拜拜供品「刀麵」、「芡安薯粉」及「蚵仔煎」的主要原料；遇到「好年冬」地瓜收成好時，農家會將吃剩的地瓜煮成泥，再加入白麴發酵成地瓜酒，在冬天禦寒或年節宴客時飲用；除此之外，收成後地瓜葉、地瓜皮等菜渣加水煮熟後當做豬隻飼料。

高粱、小麥

高粱又稱「蘆穗」，生長在高溫乾燥的環境，非常適合烈嶼栽種，主要於春季清明節前後播種，六月抽穗，三至四個月後，大概在秋季即可收成；小麥利用高粱收成後播種，民間所謂「十月半，不早不晚」即說明小麥應在入冬前完成播種；成熟的高粱及小麥，脫穗後曬乾磨成粉儲存可供食用，另高粱磨成粉後於年節時做為「蘆穗粿」，紅色的蘆穗粿充滿著喜氣，是祭祀的主要供品；收割後的高粱脫穗後，居民將高粱桿曬乾後編成掃把，是農家的主要清掃用具；除此高粱桿經瀝水增加它的韌性，經過居民巧手編織下，製作成「菜籃」，將存放食物的菜籃高架吊起，可預防狗、貓、老鼠偷食，俗稱「氣死貓」，也可做為裝設祭祀供品的謝籃。

以高粱桿做成的菜籃

一九四九年國軍駐守，原本供民家飲用的「地瓜酒」因大量軍隊駐守而供不應求，一九五一年時任金門司命官的胡璉將軍籌建釀酒廠，釀產「高粱酒」以供應金門地區軍民需求，高粱酒初上市，深受軍民歡迎，往往供不應求；為確保釀酒原料來源，一九五二年軍方採當時酒廠技術課長葉華成的建議，以一斤糙米兌換一斤高粱或小麥的措施，鼓勵民間種植高粱；一九五五年頒定「收購金門高粱小麥暫行辦法」；（註五十）當時民間以高粱、小麥、地瓜為主食，磨成粉狀的雜糧，加水煮成稀稀的一大鍋供應一家老小，沒有油水的粥糊根本無法滿足人們所需的熱量，因此，自實施兌米辦法，改善居民的飲食，農民趨之若鶩，紛紛改種高粱、小麥。

一九七九年，政府重新規定，兌換食米改為保價收購，讓高粱、小麥種植由生活所需變成經濟作物，隨著金門高粱酒業績的成長，地區高粱年產量也逐年增加，據統計一九五〇年金門地區的高粱年產量僅三十二公噸，一九五二年兌米方法開始實施，遽增為一三四公噸，至一九五七年已達七六一公噸，其後一路攀升，高粱、小麥成為農民最重要的經濟作物。（註五一）

花生

花生帶殼未剝者稱為「土豆（塗豆）」，剝開後的果仁叫做「土仁（塗仁）」，播種時間大約是在春天清明節前後，特別是在下過春雨過後，土地較為鬆軟，農民們經過整地後，俐落的以拇指、食指、中指三指將二粒土仁插入田畝中，動作整齊而有效率；大約經過一百天左右，在秋天即可收成；收成時，特別選擇下過雨之後，土質較為鬆軟，農民們一方面可輕易的將花生自土裡拔出，一方面鬆軟的土壤也讓花生仁不至因拔取的過程中斷根而把土豆留在土裡造成損失；農民將收成的花生連藤，直接用花生藤捆成一捆一捆的放置於樹下，此時工作便交由農村婦女和孩童，他們俐落的以手工將帶殼花生扯斷下，因「換工」而來幫忙的鄰家農婦，趁此機會聚集，不免「東家長、西家短」聊起是非，這是夏季烈嶼農家最普遍的景象；去除土豆後的花生藤也有用處，置於田梗邊，曬乾後花生藤可以充當做耕牛隻冬天的糧草或民家炊事的柴火。

收成的花生撥殼後，農家簡單篩選出外型飽滿大顆的花生，留做明年的種子，也象徵「生生不息」；再取出一部分帶殼花生（土豆）經洗淨、就地取材直接取海水再加入八角等香料煮熟，撈起瀝漧，曝曬於屋頂上及天井中，曬乾後花生，帶著淡淡的泥土清香，咀嚼後香甜可口；在舊時，每天忙完農事，傍晚牽著伙伴耕牛踩著夕陽的餘暉回到家中，撥著土豆，再喝上二大碗地瓜粥，一日辛勞瞬間煙消雲散。老人家咀嚼能力較差，便將熟曬乾的花生仁用小石臼捶成粉末，配著稀飯食用，故花生是居民最最主要配菜及零食。

烈嶼由於氣候較乾燥，土壤中含水份低，故花生產量豐裕，除少部分食用外，大部分的花生，都賣給油商榨油，在一九四九年以前，賣花生收入是東林居民最主要經濟來源；一九五二年以後金門酒廠興建，政府的兌換及保價收購措施，再加上地區的油廠不敵臺灣油品的競爭，費時、耗工的花生種植的面積日愈減少，土地紛紛種植較高價值的高粱、小麥，如今花生僅少量種植並供自家食用為主。

玉米

玉米又稱玉蜀黍，俗稱「番麥」，金門縣志記載於一九五八年自臺灣引進，經農試所試驗成功，翌年開始推廣，（註五二）因抗旱又生長快速，是農家最主要的作物之一；玉米在春季清明節前後播種，大概在農曆六、七月，玉米尚未熟透，農家先行採收部分玉米做為食材，其餘部分於秋天採收，經脫粒乾燥磨成粉，選擇顆粒較細緻者留做煮粥食用，其餘大部分做為養豬主要飼料。

芋頭

烈嶼的土質適合芋頭的生長，所種植的芋頭莖肉質鬆綿密，香氣濃郁，品質及口感極佳，是早期農業社會做為宴客及祭祀的主要食材，故民間常說：「烈嶼芋，不甭哺」，但由於芋頭是「耗水性」植物，種植芋頭需要大量的水源灌溉，而烈嶼缺水農田水力又不發達，故農家僅在靠近溝渠或水塘附近種植少量芋頭供自家食用。每年農曆春節過後，即可開始芋頭播種，農曆中秋節過後至隔年春節期間，一直是芋頭的採收期。

一九九三年終止戰地政務實驗，金門地區解除軍事限制，開放觀光，大量觀光客湧入，因應觀光人潮，烈嶼地區興起了幾家較大型餐廳，在業者的巧思及創意下，開發出數道以芋頭為主的料理，如「芋戀肉」、「芋頭手捲」的創意料理，廣受歡迎，「烈嶼芋」香、鬆、綿的品質與口感也逐漸打出口碑，深受消費者喜愛。此外政府的農田水利建設與產銷班的輔導設置，改善了芋頭的生長及行銷，價格上漲，經濟效益增加，種植芋頭的農田也逐年增加，成為現代東林村民最主要的經濟作物。

二〇〇六年十一月，烈嶼鄉公所舉辦「芋頭文化節-烈芋醇香飄四方、歡鑼喜鼓慶豐年」活動，透過活動內容：「大芋頭選拔賽」、「美

芋頭田

食料理比賽」等系列活動行銷烈嶼芋頭；至今每年大概在中秋節前後定期舉行，行銷烈嶼芋頭，也為農民讓來了可觀的收益。但是藉著活動的「成功」，雖然讓烈嶼芋頭的生產供不應求，為了活動的舉辦，農民往往提前採收，以供應需求，也打亂了原本自然的生產時序，民間有句俗話：「新芋較會爛。」意即搶收的芋頭品質較差，較不易久存，易爛，這是政府風光活動的背後需要的省思。

農作

蔬菜

舊時地區居民日常三餐以麥、高粱、地瓜等雜糧混合的稀粥為主，偶爾再佐以近海醃製螺類配食，生活相當清苦，而有限的耕地必須種植麥、高粱等主食以糊口，故僅於田梗旁及民居附近種植少許瓜類、豆類等蔬菜，或利用農地空檔種植高麗菜、刈菜等供豬食。

一九四九年國軍進駐，需求量大增，一九六四年東林市場開設，讓蔬菜有行銷的管道，農民紛紛改種蔬菜，產量大增以應付龐大的消費人口。

蔬菜的種植一般而言，仍配合傳統的節令，如春季清明節前後，種植豆類，包括長豆、四季豆；角瓜、絲瓜、金瓜、南瓜、西瓜、香瓜等瓜類；生長期一至二個月不等；秋天中秋節前後，種植花椰菜、芥菜、高麗菜、白菜、青江菜等葉菜類。

三、順其自然的畜牧放養：

早期在農村社會，居民在居家附近，皆會飼養牲畜，如牛、馬、騾等家畜協助農耕，或者是豬及雞、鴨、鵝等家禽，供食用或做為祭祀的「牲禮」供品。一九四九年以前，是以順其自然零星的方式豢養，如清晨趕牛到田間工作，午後放牛吃草，在自家空地以廚餘養豬、養雞鴨，一九四九年以後，需求量增加，畜牧方式由家庭走向，專業機械化與自動化的農耕取代牛、馬的功能，廚餘大多被飼料所取代，家畜的飼養方式，則由家庭副業或放牧形態轉為集約式經營模式。

騾、馬

騾、馬的功能主要是做運輸為主，由於騾馬的行進必須要有人在前方牽引，故騾馬的畜養皆為專職；烈嶼的地型高低起伏，舊時無動力機械，道路又崎嶇難行，載運重物或長途交通，特別是婦女纏腳，三寸金蓮無法遠行，或是新娘嫁娶，都必需仰賴螺、馬代行；首先在騾馬背上按馱架，馱架兩側可乘坐人員或載運貨品，馬夫則在前方牽引，指揮前進。（註五三）

烈嶼豢養騾馬的歷史久遠，在一九三〇至一九四〇年代，日軍佔領金門期間，以西宅現今為「文邦別墅」的民宅成立「分駐所」，並將烈嶼島上養馬或騾的家戶，集中統一管理，初期規定必須輪流將騾馬牽至分駐所，以供日本警察調度差遣，後來則全部統一收編，並交由東林林水溪管理。（註五四）

一九四〇年代後期，國共內戰，退守臺澎金馬，國軍初退至烈嶼島上，極需要協助運輸的工具，所以將島上豢養騾馬的居民，列入管制，編成一個「騾馬隊」，負責軍品的運輸工作。當時東林大約有二十幾隻騾馬，都統一集中納入騾馬隊中，當接到任務通知，即使是半夜三更，也不管路途有多遠，都要接受徵召出任務，當時主要的任務為協助國軍運補，運補的貨品以彈藥為主，軍方把一箱箱砲彈放在馬背上馱著，交由隊員運送到指定位置，彈藥不但重而且危險，牽著馬還要很小心的走，深怕砲彈掉下來會爆炸，騾馬隊的工作既繁重又危險，在當時氛圍下，「軍令如山」，隊員也不敢抗命，即使是生病，也要請人代理出任務，否則就會以「抗命罪」論處。隨著共軍的攻勢加劇，對岸的戰火也日趨猛烈，騾馬隊出任務若遇砲擊，隊員懂得就地掩避，但是牲畜可不會躲，所以時常造成死傷，烈嶼騾馬的數量也日趨減少，而對於騾馬隊的隊員來說，騾馬死亡後，養馬的人也得到解脫，所以乾脆不再養馬，在一九五八年八二三砲戰過後，烈嶼地區幾乎再也看不到騾馬的蹤跡。（註五五）

牛

烈嶼農家所飼養的耕牛大都是「黃牛」，又稱「赤牛」，是一種極為溫馴的家畜，早期以農業生活，農家耕田，均需倚賴飼養耕牛犁田耕作，故牛是農民最「親密」的伙伴，也是農家最重要的資產。農家對於牛的照顧極為用心，大部分的農家會興建稱為「牛槽間」的牛欄，做為牛隻休息的處所；清晨把牛隻牽到山上以鐵拴固定後，任其吃草，由於大人忙於農事，故牽牛工作，往往交由孩童負責；隨著太陽升起，大人們會交待小孩「移牛」，將牛隻牽移到樹蔭下，並隨時準備飲水供牛隻飲用；傍晚再牽回牛槽間休息。在十九世紀初，著名的「同安賊」橫行的年代，當時居民生活清苦，較無任何值錢的物品，而高價值的耕牛往往是盜匪覬覦的目標，盜賊在「內應」的通報下，鎖定目標，上島偷牽牛，居民損失慘重；為了保護牛隻，居民將牛隻牽入家中大廳，拴上門閂以防盜賊。

牛主要是以自然放牧的方式豢養，春夏二季，田梗旁、山野上儘是綠油的野草，只要將牛隻拴好，便放任牠自由的吃草，秋天，土豆收成後，土豆藤捆綁成束，存放在牛槽間，是冬天無野草時牛隻的糧草。

另外傳統民間傳說：牛與人都同為懷胎十個月所生，牛一生為人們辛苦工作，人若吃了牛肉，死後就進不了天堂，故在島上，牛隻大都能平安終老。（註五六）

一九四九年大量駐軍肉品需求的增加，而來自中國各省籍的軍人，改變了島上的社會結構，一九五三年起，美國援助成立之組織「中國農村復興聯合委員會」為確保前線戰地肉品供應，開始穩定引進肉牛，因此，金門縣畜牧場積極發展肉牛畜養產業，外省軍人對於牛肉接受度高，促使了金門牛肉相關產業的興盛。一九八〇年代推廣「農業機械化」，（註五七）機械化的設備讓農作更有效率，經營成本也相對降低，紛紛以農機取代耕牛，牛隻在地方的角色也由農耕助手轉為肉品的提供者。

據烈嶼鄉志統計，東林村共有林順早的「順早牧場」，林金量的「鴻安牧場」，林長慶的「林長慶牧場」，李知書的「自力牧場」及楊誠善的「誠善牧場」等五家牧場，（註五八）主要是飼養豬隻為主，但仍少量飼養肉牛，以供應島上的牛肉需求。

豬

養豬是傳統農家主要的副業，早期的居民以地瓜皮、地瓜莖等農事生產的剩餘材料，或利用田梗空地種植牛菁，加水煮熟當做豬食，並期盼長大的豬隻能賣錢貼補家用；農曆正月十五日，東林舉行「討金錢、討肉圓」虎爺遶境巡安的儀式中的咒語：「討金錢，討肉圓，飼大豬，賺大錢」，將居民的願望透過宗教儀式表達出來。

在舊時居民三餐都吃不飽的年代，餵食豬隻的飼料又湯湯水水，沒有油水，一隻豬通常要養二至三年左右才有百來多公斤；好不容易養大的豬隻，由於當時居民普遍的「窮」，豬肉並不是居民所能消費得起的食物，因此還要僱工請船載運到廈門、金門等地販售。

但無論如何，養豬是農民主要副業，而豬隻更是農家重要財產；在十九世紀初，「同安賊」肆虐，居民為保護豬隻，都把豬隻圈養在民居旁以就近看管，入夜後甚至趕入家中，人豬共處，以防盜賊。

一九四九年後國軍進駐，豬肉需求增加，一九六四年東林市場和屠宰場相繼完工，暢通豬肉的銷售管道，同時部隊每日所產生的「餿水」廚餘，也增加豬食的來源，且在政府的協助下，豬隻品種和飼料也陸續改良，讓豬隻養殖趨向專業與分工，在一九六〇至一九九〇年代，東林幾乎家家都飼養豬隻，飼養的數量也日愈增加。

豬肉的暢銷，連帶著「小豬」的需求也大增，因應而生出「閹豬」和「牽豬公」二種行業，當時在烈嶼地區以牽豬哥配種為業的包括東林林清盆，青岐洪景霖，楊厝洪水噴，后頭方水便，后井人稱豬哥興仔的張德興，飼養大公豬，專門提供居民飼養的母豬配種需求，其中豬哥興仔家中門聯書有：職業所靠牽豬哥，所牽豬哥跟我走；橫批為：各種豬哥。（註五九）

豬隻養至大約一百五十公斤左右，農民先至農會登記販售，再由肉販約定時間到豬圈「捉豬」，為了確保豬隻交易公平，由農會提供一標準銅製「量秤」，存放於村民林登保家中，供居民使用。

一九九〇年代後期，隨著駐軍逐漸減少，豬肉需求量減少，再加上居民生活水準提高，飼養在民居旁的豬圈，因衛生問題而日漸減少，政府也規定不得於村內飼養，以往「人畜共居」的景象已不復見。

雞、鴨、鵝

飼養「雞、鴨、鵝」等家禽是農家最普遍的副業，也是早期居民最主要的肉品來源；其中又以飼養雞隻最普遍，鴨次之，而鵝則較少見，僅鄰近水塘旁的農舍才有飼養，雞鴨則大都飼養在民居，和居民一起生活。

雞鴨的飼養是採自然的放養方式，而未刻意地餵養，一般而言，雞鴨會自行覓食，尋找翻找土裡的蟲子、蚯蚓、遺留在麥穗、高粱種子等雜糧做為食物，偶爾農家會將蔬菜的頭尾廚餘置於地上，以供雞鴨食。

雞鴨成長快速，母雞鴨大約經過四至六個月，即可產蛋，農民除了預留部分為孵化小雞鴨外，其餘則供食用，是早期居民蛋白質主要來源。

在每年在十一月上旬，是傳統二十四節氣中的「立冬」，表示冬季自此開始。「立冬」這一天，在民間有一個習俗，就是所謂的「補冬」，傳統觀念中認為冬天的天氣寒冷，需要補充營養，這樣不僅能使身體更強壯，還可以好好的補充元氣，以應付來年春耕所需要的體力；《本草綱目》：「鴨肉主大補虛勞，最消毒熱，利小便，除水腫，消脹滿，利臟腑，退瘡腫，定驚癇。」中醫則認為，鴨肉有養胃、補腎的功效，能清熱、消腫，尤其適合體內熱氣引起，有大便乾結、水腫症狀者食用；在八月玉米收成時，農家以「填鴨」方式，以玉米粒灌食鴨子，讓鴨子到冬天前長得又大又肥，做為補冬的食材。

另外放血、去毛、烹熟的雞鴨，在神明聖誕做敬建醮，年節祭拜神明、祖先做為供品牲禮，祭拜完後，便成為居民桌上的食物，故有句俗諺：「傍神作福」。

註四四：洪清漳，《烈嶼潮間帶生態影像拍攝及撰稿》，二〇一六，金門國家公園管理處委託辦理報告，頁三九。
註四五：林英生，《烈嶼的自然大地》，一〇〇二，金門：金門縣立文化中心，頁三四～四七。
註四六：林長壽口述，作者整理。
註四七：烈嶼鄉公所（編），《烈嶼鄉志》，二〇一〇，金門：烈嶼鄉公所，頁二三～三二。
註四八：清林焜熿，《金門志》，一九六〇，臺灣：臺灣銀行經濟研究室，頁三九四。
註四九：同註四八，頁三十。
註五十：金門縣政府（編），一九九二，《金門縣志。第七冊經濟志》，頁五四～七一。
註五一：同註五十，頁七二～七六。
註五二：同註五十，頁二二六。
註五三：林馬騰，《走過滄桑歲月》，一〇〇二，金門：金門縣立文化中心，頁七四～四五。
註五四：呂合成主編，《烈嶼鄉耆老「口述歷史」彙編》，一〇〇七，金門縣：烈嶼鄉公所，頁七四。
註五五：同註五四，頁一一九～一二四。
註五六：同註五三，頁七十～七一。
註五七：同註五十，頁二三七。
註五八：同註四七，頁五八五～五八六。
註五九：洪萬福口述，作者整理。

第二節　靠兵吃飯的商業模式：東林街的發展

中正台現況

一、市集的形成背景：以駐軍為主的消費形態

早期以農業為主的社會型態，村民以務農為主，吃食以自家耕重作物，再搭配近海漁獲，過著自主自足的生活，商業經濟模式大都「以物易物」來取得生活所需品，鄉民消費能力不強；一九四九年以前，東林僅有林清發及林聯珠所開設的聯成什貨店，所販售的商品如花生油、醬油、糖等日常生活必需品，但由於當時的生活條件，村民普遍無多餘錢財可供使用，故往往以「賒帳」方式先行取貨，俟收成時以花生、土仁交付店家，店家集中後再轉手交煉油廠家，中間收取些許利潤。

東林位於島中心偏東南邊，在戰略位置上屬於「後方」，自一九四九年起，東林和鄰近的西宅、湖下即成為軍隊指揮中心，鄰近週遭駐紮大量軍隊，基於戰備需要，軍方將東林村內的空地，即現今的「中正臺」及林登桔家

旁整建為「操練場」，用以訓練部隊，由於部隊的聚集，消費人口的增加，帶來了新的商機，吸引了島上的居民來此擺攤。（註六十）

當時，島上的居民將自家所種植的蔬菜，宰殺的豬肉，及打撈的漁獲，於每日清晨帶到位於東林的軍方訓練場販售；隨著烈嶼駐軍人數的增加，原有訓練場已不符日愈增多的軍人消費需求，時任烈嶼鄉長的李漢秋便著手規畫興建東林市場，打造「東林街」，將東林規畫成為烈嶼的商業中心，以滿足地區的消費需求。

一九六三年四月，軍方整建訓練場，在原址興建「中正臺」，為一鋼筋水泥建築，平日做為官兵集會，訓練，精神講話、勞軍表演的場所；每日清晨，部隊未使用時，便成為攤商的集中地，所販售的商品主要是以供應軍人每日所需的副食品為主，如蔬菜、豬、雞、漁肉。

為有效管理攤販，烈嶼鄉公所著手規畫「東林市場」，選定當時為「屎礐地」的現址興建，由於當時民間尚無興建鋼筋水泥建築的營建商，且鋼筋、水泥又屬管制性資源，故委由軍方興建；初期規劃一樓平房店舖三排，呈品字形，共十九間，中間為肉品攤位九間，兩側為平房式店舖十間，每間售價為新臺幣一八、〇〇〇元，出售對象包含島上的其他姓氏居民，並由抽籤選定位置。

一九六三年六月，市場完工，由當時的金門縣長王玉白題字定名為「東林市場」，商家開始進駐，販售的物品

東林市場

包括豬肉、海鮮等肉品，油、鹽、醬料等副食品什貨的供應，且因應市場的軍方採買人員及市場商家需求，另有早餐店的開設。

東林市場的完工，提供固定攤位售貨，讓軍方及地區居民採買與銷售貨品有了穩定的管道，由於東林市場固定式的商家數量有限，無法滿足島上大量駐軍及居民的日常所需，訓練場仍維持臨時貨物銷售功能，眾多菜攤仍在中正臺前設攤，採買人員往來於中正臺與東林市場之間，中間必須穿越東林村民居，狹小的巷弄讓往來於中正臺和東林市場的行人相當不便。

據東林村民回憶，當時鄉長李漢秋站在中正臺的臺階上，朝東林市場方向，指揮東林民防隊員，以林清丕「蕃仔樓」前緣為基準，拆除中正臺臺階與東林市場之間的房屋，擴寬此巷道，在這條「基準線」，東側的民居大廳後牆，西側的房屋則是前門牆壁遭拆除；在當時的氛圍下，老百姓對於政府的政策根本不敢質疑，只能接受；而負責拆除的民防隊員，執行此命令則顯得非常為難，明知上級長官的命令不可違，但另一方面面對的是自家鄉親，所謂「上有政策、下有對策」，這些奉命拆除整建街道的民防隊員，執行任務時，對於鄉親的房屋，儘可能不破壞房屋結構，而以拆除外牆為主，故形成今日東林街道彎蜒的景象。（註六二）

中正臺與東林市場的巷道經擴寬後，讓往來於二地的商家及採買人員更為便利，同時也帶來了人潮，這些遭拆除屋牆的民宅，經過簡易修整後，將面臨「道路」側的空間整修成店舖形態，以長型「木板」做為店面的門面，自已擺攤或租人使用，商店類型主要以飲食小吃和供應軍人日常所需的百貨商店為主。且隨著消費人潮的聚集東林，林氏宗祠旁往東林市場

1970年代遊行經過東林街（林福德提供）

東林第一條街道現況

旁的民居也因人潮經過，而主動修建房屋，將面臨「道路」側的牆壁拆除改為店屋型式，至此「街道」的形態已稍具雛型，一般將這條新市集稱為「街路」，由於是最早開通，故又稱為「老街」。

二、東林街的興起與發展

街道的開通，帶來了人潮，也將烈嶼傳統以農、漁業為主，傳統「以物易物」的消費模式轉成現代資本社會的消費模式。一九六〇年代後期，為有效管理攤商，烈嶼鄉公所將東林市場旁的水窪地，整地興建成「菜市場」，將原中正臺上的菜攤集中管理，菜市場以水泥石板架設成為攤位，上供攤商擺設商品以利消費者選購，屋頂以水泥柱支撐，上舖設石棉浪板用以避雨遮蔭，四面採通風開放型無外牆設計，商家類型主要是以蔬菜供應為主。

完工後後的菜市場，讓「東林市場」的功能更完善，除了軍方的採買人員，也提供烈嶼鄉民消費採買的處所，眾多的消費人群帶來了龐大的商機，也吸引了村民及外地人進駐，紛紛向東林集中。一九七〇年代東林

發黃的照片依稀可見舊時東林店家販售琳琅滿目的商品

舊招牌說明營業項目

市場旁空地興建起二層樓式的店屋，即一樓為店面，二樓為住家，起先是由東林市場靠靈忠廟端先行興建，而後一直往外延伸成雙排街道，商家有傳統百貨商店、五金店、文具書店、禮品店、照相館、服飾店、美髮店、餐飲小吃等滿足日常所需的各類型商店，由於位置位於東林村中心，村民稱為「中街」；有別於以傳統民居修建的老街，新式的店屋，寬大的門面及內部寬敞的消費空間，商品的供應也較為多元，吸引較多的消費人潮，商家的生意也逐漸超越老街，「東林街」商圈已成型，東林成為烈嶼的商業中心。

東林北郊的龍蟠山，為烈嶼軍方的指揮中樞，位於山麓的「烈嶼文康中心」，自一九六二起陸續興建「國光戲院」、「虎風山莊」、「休閒中心」，為軍方所屬綜合性休閒活動中心，特別是國光戲院，是島上唯一的戲院，每日二至三場的電影放映，吸引了大批的人潮，隨著東林街的開設，而與東林街形成一共同「商業圈」，島上的「阿兵哥」無論是到龍蟠山師部洽公，或者是到國光戲院觀賞電影，便會順道來東林街採買或消費，特別是電影散場時，大批人潮湧入東林街，熙來攘往的人群，像潮水一般充斥著狹小的街道，熱鬧非凡，因此東林街又有「小西門町」的稱號。

背景1970年代的東林中街

位於東林村北面，在往來於東林街與龍蟠山的坡道上，自一九八〇年代起，陸續有新店屋興起，基於地利之便，很快就形成街

東林菜市場（2008）

道，稱為「北門街」，或依據門牌地址稱為「東林北街」。當時經濟正在發展，不論是軍人或當地居民都較為「富裕」，消費不限在日常所需，而轉求尋找較佳的服務；因此北門街的商家以服務業為主，較高級的餐飲，西式快餐等，內部也不再單純的擺設，而轉變具有華麗裝潢以吸引消費者上門。

完工後的東林市場是烈嶼地區軍民肉類及蔬菜主要供應處，每日清晨天尚未亮，來自島上各地的攤商，就將備好之商品運至市場，以應付當日軍方的採買需求，由於當時島上各地皆有駐軍，且公共交通尚未普及，故有些攤商除在東林市場擺攤外，在於所居村落，往往也開設商店，以供應當地軍民所需，故這些攤商在結束東林市場的生意後，也順道採買其他商品回去販售。

一九八〇年初期，在鄰近菜市場馬路旁興建二間新的商店「新裕豐」與「寶燕」商行，販售煙酒、什貨、五金、飲料等日常必需品，由於這二家商店比鄰而居，所販售的商品又極為類似，在競爭壓力下，售價相對便宜，再加上貨源充足，是島上什貨食品的最大供應批發商。

隨著人潮的聚集，與政府的公共建設的推動，原本的馬路逐漸形成東林通其他村落的主要交通要道；一九八〇年代後期，沿著馬路陸續興建其他店屋，西餐廳、金融信用合作社，藝品店等不同類型的廠家進駐，讓東林街商業功能更完善；一九九二年，解除戰地政務實驗，開放觀光，消費對象除原有軍人及當地居民外，另新增來自臺灣各地的觀光客，且隨著駐軍的減少，消費對象也從軍人轉為觀光客；因應而生的是供應地區特產的特產行及臺灣地區著名連鎖便利商店「7-11」、連鎖飲料店等紛紛進駐；再加上烈嶼南、北兩路公車必經路線，讓這條昔日稱做「車路邊」的新興街道，取代其他舊有街道，成為東林新的商業中心。

東林街自一九六四年東林市場開設以來，經過多年發展，逐漸形成今日的規模，走過近六十個年頭，東林街從過往繁華，因外在環境的改變，如駐軍減少，人口外移，烈嶼對外交通改善，而逐漸沒落，不同時期東林街呈現各有不同的面貌經整理如下：

東林街道發展統計表

名稱	別名	興建年代	說明
中正臺	戲臺	一九六三年四月完工	原為軍方訓練場
東林市場		一九六三年六月完工	為一鋼筋混凝土建築，店鋪十九間
街路	老街	一九六三年	拆除傳統民居外牆，擴寬巷道改建而成
菜市場		一九六〇年代後期	開放式攤位，主要為蔬菜攤
中街		一九七〇年代陸續興建	鄰近市場，專為做生意而興建的店屋
北門街	東林北街	一九八〇年代	鄰近烈嶼師部與文康中心
車路	新街	一九八〇年代陸續興建	陸續擴充中，為東林街主要街道（二〇一七）

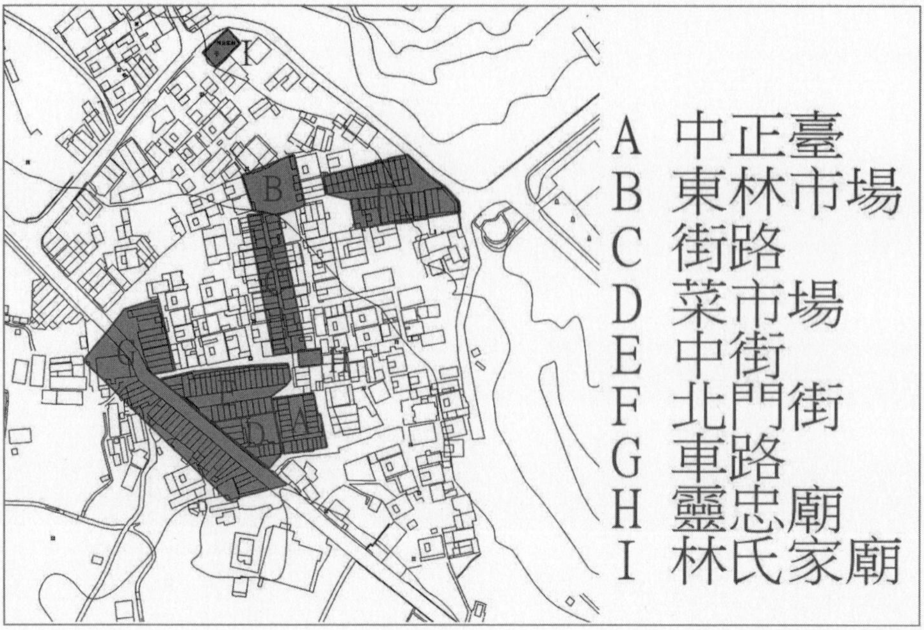

東林街道發展位置圖

三、從「看天收成」至「靠兵仔吃」經濟型態的改變

東林自一九四九年國軍的進駐後，因應眾多的消費人口，東林舊有的民居拆屋拆牆做起，一九六四年興建時有店屋一四五棟。而再比照同文記載一九七七年時，東林的民宅數為一〇九棟，（註六二）店屋數遠高於民宅數；（註六三）扣除以菜攤、肉攤等開放式攤位；再從東林街現存的「中元普度收支簿」發現，東林商街數自一九八一年開始統計時為一五一家，至一九八三年成長至一五九家，後受國軍精實案等及陸續的裁撤外島駐軍，商家數也逐漸減少，如下表統計一九八一年至二〇一一年，東林街商家數量。從表列商家數再比照二〇〇七年「東林靈忠廟輪值點宮火名冊」，當時參與靈忠廟會務的家庭戶數為九十九戶，而當年商店數為七十六家，幾乎家家戶戶都以做生意為主；在軍人消費需求的帶動下，轉變成以軍人消費為主的商業中心，傳統農村生活型態也配合軍人消費而轉變。

東林街商家數統計表（一九八一～二〇〇〇）

年別	1981	1982	1983	1984	1985	1986	1987	1988	1989	1990
商家數	151	151	159	156	151	151	141	136	129	124
年別	1991	1992	1993	1994	1995	1996	1997	1998	1999	2000
商家數	124	118	131	130	119	128	123	119	113	106
年別	2001	2002	2003	2004	2005	2006	2007	2008	2009	2010
商家數	102	97	92	88	82	79	76	66	65	62

四、東林街的商家類型：

傳統的農業社會，生活型態平凡簡單，消費需求以生活必需品為主；而以軍人消費為主的東林街，為滿足軍人的消費型態，發展出不同類型的產業，根據東林街「中元普度收支簿」中一九八六年所記錄之商家名冊，其營業的項目包含：肉品供應、南北什貨、餐飲、五金百貨、文具書店、電器、藝品、服飾、麵包、藥店、理髮、照相、計程車等等，包羅萬象，應有儘有，幾乎包含食衣行等生活所需，雖然東林街的開設是以軍人的消費需求為主，但隨著東林街功能的逐漸擴充，也吸引島上的居民前來消費採購，東林已成為烈嶼的商業中心；以下針對東林街較具特色的商家概略說明。

肉類

肉品為豬、雞、魚等肉類食品供應，又以豬肉為最大宗；為東林市場開設後最早進駐的攤商，攤位是採開放式架位設計，以鋼筋水泥柱支撐起混凝土天花板，攤位之間的隔間牆，保留上方空間做通風，架起石板當做豬肉展示區，攤商再以龍眼樹幹自行製作的砧板以利豬肉切割分裝。

豬隻的來源主要以本地農家飼養的為主，為滿足大量駐軍的肉品需求，政府鼓勵民眾飼養豬隻，輔導農民種植玉米充當豬隻飼料，且採「限制進口金門」的政策，以保護農民收益；通常農民飼養仔豬六至八個月後，成長至一百至一百二十公斤即至農會登記出售屠宰，農會則排定時間通知肉販前往收購，基本上維持島內「自產自銷」的平衡，若有不足，則由肉販至金門本島收購，或者開放批次臺灣冷凍豬肉進口金門；但若豬隻供應過剩時，豬商收購行程拉長，豬隻愈養愈大，超過一百五十公斤以上時，油脂增加，影響口感，故豬販不願意收購，往往引發糾紛，因此在一九六〇～一九七〇年代，農會以金錢補貼肉商收購大型豬隻，以維護雙方權益。

肉販自農民收購來的豬隻，先行運送飼養在屠宰場內的臨時豬圈，後至稅捐處繳交屠宰稅，以備明日的屠宰作業；翌日清晨二點左右，先由獸醫於宰殺前確認豬隻無疫病後，才可進行宰殺，經放血、清洗、燙毛、脫毛、修光、剖腹胸、摘取內臟、屠後檢查、蓋上合格驗印等流程，運往攤位銷售；過程中，另有專人收集「豬血」後製成「豬血粿」販售；由於宰殺過程中，特別是放血時，極不人道，二〇〇〇年左右，政府興建新式屠宰場，以電宰方式取代人工屠宰。

一隻豬隻重量高達一百多公斤，從豬隻的選購到屠宰過程及最後的運送，都需要眾多人力，故許多攤位是由「多人」合股聯營的方式進行合作；每日宰殺的豬肉在市場攤位上銷

東林市場內什貨店（1980年代）

東林市場的肉攤

售，售販對象主要是以「軍方採買」為主的消費者，營業時間大約到上午九時左右收攤，在一九七〇年代以前，烈嶼電力尚未普及，市場又無冷凍設備可供保存，而攤商許多是來自島上其他村莊，故當日銷售若有剩餘，則由攤商各股東以抽籤方式分配豬肉部位，再攜回至其村落裡販售。

當時烈嶼因島上大量駐軍帶動了經濟的成長，居民生活也日愈富庶，豬肉的供應除部隊的採買外，同時也供應島上居民採購需求。

什貨等副食品供應

什貨主要販售以食品為主，其商品有：香煙、酒類、砂糖、食鹽、蛋類、食品罐頭、調味醬料、冷凍食品、南北乾貨等副食品，商店集中在東林市場內的店舖，主要的商家有：聯裕、萬安、振華、興隆、五州等。

由於什貨店經營的項目應有儘有，幾乎能滿足部隊的副食品需求，每日清晨負責採買的阿兵哥便至店裡下單，商家依據清單整理打包；一九七〇年代以前，民間尚無機動車輛，而昔日負責載送貨物騾馬又因戰爭而死傷殆盡，故運送由軍方大卡車自行載運；一九七〇年代後期，隨著經濟的成長，民間陸續

東林市場內的什貨店

有「三輪車」、「貨車」等機動車輛的出現，什貨店便開始提供送貨到營區的服務。

什貨店的貨源主要來自金門本島，受限於島上海上交通，在一九七〇年代以前，貨物的運輸大都委由軍方承做，但軍方以戰備為主，無法滿足民間需求，因此商家為備足貨源，必須前往金門本島採購，再僱用小型舢舨，以「附掛」方式於往來金烈之間交通船上，由於當時碼頭設施不足，商家必須以人工方式徒手於沙灘上搬運貨物，非常辛苦，特別是在冬季東北季風強勁，載滿貨物的舢舨在大海中，載浮載沉，稍不留意船隻翻覆，整船貨品也沉入大海，商家損失慘重，也因備貨困難，讓什貨店的生意非常興隆，往往貨品供不應求，一九七〇年代後期，民間籌組「烈嶼托運隊」貨運公司，專門運送金烈之間貨物，才稍為改善上述的困境。

一九九〇年代以後，島上駐軍逐漸減少，加上島上運輸多元，貨品來源充足，故以供應軍中副食品為主的什貨店，生意量也日趨萎縮，現市場內僅存幾家商店，除供應駐軍外，同時也提供鄰近民家採購需求。

餐飲業

「民以食為天」，餐飲店是東林街上數量最多的類型，從其營業的型態又細分為早餐店、冰菓店、傳統小吃、簡餐類等。

在舊時農業社會，農民日出而作日落而息的生活形態，居民三餐皆在家自行準備，並無外食的需求；東林市場開市後，為因應清晨軍方的採購，許多商家必需於午夜時分即備貨，因此「早餐店」便因應而生，如建成、合成、勝利、樂福等商家，商家大概於清晨二點開始營業，第一批的消費者以市場內的商家為主，到了清晨，消費的對象以軍方的採買及洽公人員為主，一直要到市場收市後才結束。

為滿足各方的消費者需求，市場內的早餐店提供的餐點非常多元，有鹹粥、油條、麵線、花生湯、麵茶、豆漿等傳統小吃，有蔥油餅、小籠包等北方麵食，還有廣東粥等大陸潮汕地區美食；其中的廣東粥，又稱為「粥糜」，相傳是來自廣東的阿兵哥將家鄉的粥品煮法教授給本地人，由於當時物質缺乏，大米取得不易，故將大米熬成粥糜狀以增加份量，米粥添加豬肉片、絞肉丸、豬肝、魚片等食材配料，深受消費者喜愛，現已成金門最具特色的美食之一，故又以金門廣東粥稱之；在一九六〇～八〇年代，東林的廣東粥以「國派叔」最具代表，大米加入豬大骨熬成稠密香濃的鍋底，加上厚實豬肝、里肌肉片，打上蛋花，起鍋前再擺上一把蔥花、胡椒粉提味，搭配上油條，風味獨特，大受阿兵哥歡迎，往往供不應求，故採限量，每人限吃一碗。

除此，阿兵哥在吃膩部隊的大鍋飯，在休假的日子，總想吃吃外食打打牙祭慰勞自己，在一九六〇東林第一條街道開通，即開設非常多的「菜館」，如賓樂、連春德、金都、翠園等餐飲店，主要供應有炒飯、炒麵、滷味為主的小吃；其中「同伯」的豬腳麵，是採用市場每日現宰豬隻，取其肉質口感好的豬肘子，經過分切、洗淨後混入香料燉滷後備便，之後依客人需求加上麵條一同混煮，與豬腳一同煮熟的麵條完全吸收豬腳的美味，再加上肥而不膩、肉質結實的豬腳肘子，大受阿兵哥歡迎，供不應求，同樣採限量供應，每人限吃一碗。

另一種稱為「冰果室」的餐飲店，主要販賣「挫冰」，煮熟放冷的湯圓、紅豆等餡料，經過刨冰後如雪花般的飄入了碗裡，頃刻間便堆成了一座小冰山，淋上商家特調的糖水，在炎熱的夏日裡，吃在口裡，讓人暑氣全消，特別是在一九六〇~七〇年代，烈嶼電力及冰箱未普及時，冰果室盛級一時，深受阿兵哥喜愛，其中又以「玉桂珍」最具盛名。

玉桂珍的老闆為梁阿玉，廣東籍新加坡人，一九五〇年代嫁入東林，由於梁阿玉待過南洋，思想作風較為前衛，在五〇年代後期與丈夫離婚時，甚至登報公告諸親友；她個性直爽為人海派樂交朋友，即使離婚後，仍住在東林，與村民相處融洽，稱她為「阿玉」或「阿玉婆」。

阿玉婆經營的玉桂珍，主要販賣「湯圓」，並依季節供應「冰」或「熱」；阿玉婆的湯圓製作完全以手工為主，首先將糯米浸泡後，以石磨將糯米碾成米漿，再把這些米漿置入大紗布袋中，以石板壓鎮去除水份成糯米團，最後再取出適量的糯米團揉搓後再包入紅豆、花生等餡料製作成湯圓；冬天時湯圓混合桂圓加水煮熟，桂圓的香氣伴隨著湯圓綿密的口感，一碗下肚，瞬時溫暖每一個阿兵哥的心；而在酷熱的夏季，放冷的湯圓，加上挫冰，再淋上糖水、煉乳的調味，讓人食指大動，食慾全開。

由於阿玉婆的湯圓外皮Q彈扎實，內餡用料實在，吸引許多的軍人前往消費，也就在阿兵哥的口耳相傳下，狹小的店鋪往往坐無虛席，也由於是完全以手工製作，供應量有限，每人限吃一碗，來店的阿兵哥都會謹守店裡的規定，偶爾有不知情的阿兵哥想要「再吃一碗」，便會遭受阿玉婆訓斥。

另外軍方為維護軍記，會派有「憲兵」於東林街上巡邏，由於玉桂珍的生意非常的好，阿兵哥擠在店外等侯吃湯圓，憲兵過來干涉時，阿玉婆會揮舞著煮湯圓的大湯匙和憲兵理論，保護「阿兵哥」，形成有趣的畫面，因此「怪婆」的封號不脛而走，在一九六〇～七〇年代，與賣廣東粥的「國派叔」及豬腳麵的「同伯」合稱「東林三怪」，是當時東林街最具特色的商店。

一九八〇年代以後，隨著電力的普及，國民生活水準的提高，「中街」、「北門街」的陸續開通，寬敞明亮的空間更能滿足消費阿兵哥的需求，精心設計的招牌門面及內部裝潢，冷氣安裝及提供錄影帶播放的視聽服務，餐飲提供也以個人式簡餐為主，比較具特色的商家有獅霸王、海藍藍、星星、金少爺、實芳、佳麗、熱城等。

文具書店

在一九六〇～八〇年代，高張力的軍事對峙下，島上的軍人駐守在各處的據點，日以繼夜的戰備，需要精神的調適，讀書便成最好的良伴；且駐軍中有許多具大專學歷的阿兵哥，利用服兵役期間準備退伍後的各類考試的圖書需求，因此促成東林街上陸續開設數家書店，以源合書局最具代表，老闆自臺灣引進包括文藝、小說、軍事、語文、公職考試參考書等各類型的圖書，同時也經營各種文具、紙張的販售，除了軍人消費外，也吸引島上的居民前往採購。

另外早年臺金之間通訊只能依賴書信往來，而島上的郵局位於湖下村為軍設郵局，開放時間短又交通極為不便，因此街上的「正氣」和「聯成」文具店，除了傳統文具販賣以外，還兼辦「郵政代辦所」，代售郵票、收寄掛號函件、收寄包裹等郵務。

服飾店

愛美是人的天性，耍帥更是年輕人的專利，島上服兵役阿兵哥大都是二十來歲的大男孩，正是愛玩、想玩的年紀，公發大量製作的草綠軍服，穿在身上寬寬垮垮的，他們常自嘲「遜斃了」，但又不得不穿，因此街上的服飾店便提供修改軍服的服務，其中又以聯成、麗雅、岐光最具代表。

阿兵哥將公發的軍服交由服飾店，再依據個人體型修改為合身的版型，除此稍為講究的也會請商家，另外量身訂製軍服。

除此在服完兵役退伍時，阿兵哥都迫不及待想脫下軍服以掙脫軍人的束縛，而當時返臺的船期為七至十天天，與退伍日期往往有數日的空窗，故阿兵哥在退伍前夕會先行請商家量裁製便服，待退伍時再行更換返臺。

一九九〇年代以後，駐軍逐漸減少，修改軍服的生意也大不如前；戰地政務終止，開放觀光，但數十年軍事管制下的神秘面紗，是觀光的賣點，因此聯成掌握這契機，開發以「軍服」為主的童裝，造型活潑又深具戰地特色，非常受到觀光客的喜愛，訂單也應接不暇，是東林街商家轉型的最好案例。

註六十：林登添口述，作者整理。

註六一：林登添口述，作者整理。

註六二：金門縣政府（編），一九九二，《金門縣志。第二冊土地志》，頁六九～七一。

註六三：由金門縣志資料分析「店屋數遠高於民宅數」，研判縣志引用是東林街完全開通後的商家數，而非一九六四年第一條街道剛開通時的數字，或者有待進一步查証，本文先行引用。

祀神祇有朱王爺、厲王爺、邱王爺、蘇王爺、中壇元帥、保生大帝、聖賢老祖　、劉王爺及虎爺等。

傳統民間信仰中，將宇宙區分為東、南、西、北、中，各方位各有其神明駐守，故靈忠廟以洪府元帥為首，聯合朱王爺、厲王爺、蘇王爺及邱王爺合組「五王」信仰，以祈求合境平安。

朱王爺，民間有句俗話：「無朱不成洪（紅）」，「朱」與「洪（紅）」意相近，故村民都尊朱王爺為「二元帥」，農曆六月初八為其聖誕。

厲王爺，又稱張府厲王，唐朝名將張巡，為真源縣令；唐玄宗天寶年間，安祿山叛變，張巡起兵征討，連戰皆捷，後率眾至睢陽城，與太守許遠合兵抗賊，賊將尹子琦率眾十萬圍城，張巡率軍民固守數月；終因糧盡援絕，不得不挖掘鼠羅雀以食，甚至將他的愛妾殺害，讓士兵為食，堅持數月終因糧盡援絕，城遂陷，張公被執，賊首詢以：「每交戰時，何以緊磬其齒？」巡罵曰：「恨不吞賊耳。」，遂就義，卒於西元七五七年，唐肅宗至德二年，享年四十九歲，唐肅宗追封為「揚州大提督」，民間感念其忠烈參天，天地同感，後為玉皇上帝敕封為北巡代天巡狩千歲，濟世救民神蹟顯赫，受萬民所景仰，農歷九月初九為其聖誕。

蘇王爺分香自金門新頭伍德宮，相傳蘇王爺為「恩主公」陳淵的部將蘇永盛，清《金門志》記載：「神係同牧馬王陳淵同來金門者，屢著靈異。咸豐三年廈門會匪傾眾來犯，神先期乩示，令各戒備，賊果大敗。被獲者供稱，在海上見沿岸兵馬甚多，賊各氣奪，以是致敗。其祖廟在新頭，俗稱四王爺。兩營官兵奉之甚謹」。（註六四）由於蘇王爺神蹟顯赫，賜福無數，故信徒遍及各地；清代駐守金門的水師官兵都信奉蘇府王爺，認為祂有禦寇、護航的功能，是金門地區重要信仰的神明，農曆四月十二日為其聖誕。

邱王爺，為蘇王爺麾下將領，居民隨蘇王爺分靈而祀，造型為青面紅鬚，右手環腰帶，左手按劍指於右腰際，聖誕日為八月初二日。

保生大帝，又稱大道公，烈嶼以四甲輪祀大道公，東林歸屬於上林甲，每逢二十年才輪值年供奉；相傳東林在某一當值年供奉大道公時，香火鼎盛，而隔年青岐甲輪祀時，一直「卜無筊」，經乩身指示，大道公不願離開東林，而青岐又堅持要迎接，最後雙方長老協議以大道公分香方式留在東林靈忠廟奉祀，而東林每逢三月十五大道公聖誕，舉行做敬建醮。

聖賢老祖為明代南京大理寺丞「理學名宦」林希元（一四八一～一五六五），字茂貞，號次崖，同安翔風里山頭村人，生平個姓慷慨耿直，俯視流俗，執法如山，不阿權貴，一生忠君愛民，以天下社稷為已任，立德、立功、立言，主要著作有《易經存疑》、《荒政叢言》、《自鳴稿》、《南國談兵錄》《四書存疑》等十九種。欽州百姓為之建立「林公生祠」，享春秋二祭，在臺灣、烈嶼雙口村及同安頂下山頭林氏奉祀的林府王爺，尊奉為「聖賢祖」、「理學祖」。（註六五）

早年東林村裡「不平靜」，據島上同以林姓為主的雙口宗親轉述，廈門山頭希元祖法力無邊，村中長老乃至山頭請「希元祖」香火並塑金身入廟供奉，以祈求境內平安；相傳某日希元祖藉由乩童指示，東林應於村郊湖仔一帶立「七星墩」，祖厝後應種榕樹，東林境內才能平順安寧，村民尊行希元老祖之指示辦理，果真神旨靈驗，合境平安；此外舊時東林世風敗壞，女子常未婚而有身孕，名聲不好，有俚語云：「東林七星墩，未嫁先有孫」，立七星墩後，此種不譽之事即消失不再。（註六六）

此外烈嶼島上各村落普遍有做「王醮」「送瘟神」信仰習俗，藉由添載、貢王、燒王船、送王爺遊天河儀式，祈求合境平安；相傳東林自奉祀希元老祖神明，當年舉行做王醮送王船儀式時，一直「卜無筊」，王船無法起航遊天河，經乩童轉述：「沒林大人旨意，不敢起程。」又「有林大人在此，小官不敢入村」等乩示，意即希元老祖官威神力無邊，其他王爺不敢冒犯，最後由長老擲筊起示老祖獲得同意後，才化去王船送走王爺，至此以後東林再未舉行王醮儀式。（註六七）

林希元祖廟請火進香

有別於山頭祖廟之希元祖神像為「黑面」，千秋日為九月二十九日，東林之希元祖神像臉部為紅色，千秋日為十月初一日。

靈忠廟建廟至今，歷經多次整建，近代一次修建於一九七六年（民國六十五年），並更名為「靈忠廟」。

靈忠廟重建誌

靈忠廟位處烈嶼龍蟠山之陽，原稱『厲王廟』，奉祀張公巡。敬仰張公死守雎陽城時，因賊眾卒寡，戰至糧盡援絕，最後不幸城破被俘，仍然臨死不屈，從容就義，後忠烈封神，護國佑民，威靈顯赫。

直至清嘉慶年間，本境漁民出海捕魚時，偶然網獲神木一段，神木上有「行影背書」：『洪府元帥』四字。夢托本境神，並依其影像塑成元帥容貌，於清嘉慶壬申年集資修建廟宇，奉祀為廟主神。尊靈顯赫，庇祐合境平安，鄉民有求必應，繁榮地方，財丁旺盛，日漸興隆。

後因原建廟宇狹窄陳舊，又已不敷迎神應用，經本境士紳父老發起重建之議，於是一倡百和、共讚美舉，本境及旅居新加坡、汶萊等地諸弟子，熱烈響應。「解人囊聚沙成塔，輸捐獻集腋成裘」，並成立建築委員會負責重建事宜。於民國六十五年五月八日吉時拆除舊廟，同年六月十八日開工，境內諸弟子熱忱出錢出力，於同年十月二日落成，並擇於農曆十月二十日舉行新廟奠安大典，旅居海外僑領，熱烈回鄉參加拈香盛典。

廟貌全新，較舊廟又寬又深又高，巍峨壯麗，內殿圖珍奇畫異獸，匠藝之精，出於禎秀，神殿雕塑堂皇光輝耀目，莊嚴燦爛，神像重裝，威靈顯赫；香火千秋萬代，永垂永久。

重建委員會　謹識

聶鵬雲　敬撰

中華民國六十五年歲次丙辰陽月吉旦立

註六四：清林焜熿，《金門志》，一九六〇，臺灣：臺灣銀行經濟研究室，頁五七。

註六五：林水波主編，《理學名宦林希元》，二〇一五，北京：中國文化出版社，頁三二～三四。

註六六：林長殊、林福德口述，作者整理。

註六七：林登添口述，作者整理。

第二節　建築特色

現今靈忠廟規模為二〇〇二年重建，二〇〇四年八月竣工，十月慶成奠安；採三川殿正殿連接拜殿兩殿式之閩南燕尾式傳統建築，為「不見木」型式，即以水泥鋼筋現代建材取代傳統木料架構。

正殿之外觀形態為硬山單船簷式，一條龍大脊配四條垂脊，大脊上加西施脊增加脊線之變化；拜殿之外觀形態採三川殿斷簷升箭口式，明間升起，錯開高低的簷口線使脊線多變，明間為獨立之燕尾屋脊；左右次間各出一半之燕尾脊，配上八條垂脊，加上剪黏創作，使屋頂更添層次與花樣。

屋頂剪黏工程由臺灣匠司林光輝及林文斌等人施作，以傳統泥塑配合陶瓷色片，剪黏出栩栩如生之人物、龍、鳳、花堵、草花等等飾物；正殿中脊頂雙龍戲珠，有「龍蟠神境」之意，中脊堵裝飾四季花堵代表「花開富貴」，西施脊堵及含玲脊堵所裝飾之四果、水族代表「民生富庶、物產豐收」；拜殿中脊頂武將騎龍，所持之法器：旗、球、械、罄，取其音「祈求吉慶」之意；中間福祿壽三仙，意祈境內「多福、多祿、多壽」，中脊堵八仙拜壽更意指境內「四處喜氣洋洋」；吹間脊頂仙女騎鳳，取本境乃「人間仙境」之意。

靈忠廟的石雕構件，材料為青草石；用以支撐廟宇屋頂的「龍柱」，上雕有「雙龍交泰」的造形，上龍為乾，下龍為坤，乾坤交泰，繁衍子嗣；石獅位於中宮門兩側，有避邪之

靈忠廟

作用，石獅嘴裡含著一粒石球，石球無法從嘴裡取出，除了代表雕技的精湛外，也表示對大門警衛巴結，祈求進入之意義；石鼓位於入口旁門兩側，上部形狀如鼓；石堵由石雕組成的石牆，分由花鳥堵（頂腰堵）、人物堵、博古堵（中腰堵）、麒麟堵（下裙堵）、櫃檯腳等組成；所有的石雕構件由大陸泉州惠安縣崇武鎮的匠師所雕刻，再由臺灣匠司蔡羅涓及蕭富通等組裝。

靈忠廟木雕主要為裝飾性的作用，藻井為結網式斗拱安裝；神龕之雕刻，講究傳統工藝與實用性質，層次華麗而不失莊嚴之氣；門神雕刻採用樟木整體浮雕，令人有肅穆敬仰之意；廟中所用之木雕由泉州東石鎮工藝名師蔡期旺等以樟木雕刻製作，再由臺灣匠司張明和及蔡永昇等組合安裝。

在門、窗、柱、樑間以及牆壁的上面，以彩繪裝飾，其素材主要為人物的故事、花鳥畫、走獸畫、山水畫等，用繪畫題材來教化宣導信眾，強調傳統忠孝節義、敦親睦族的精神。彩繪工程可分為兩種形式，一為噴透明漆做木雕本色法，一為金枝玉葉法，亦可稱為半金彩，意即部份安金箔，部份油漆彩繪，使廟殿上金碧輝煌、美輪美奐；彩繪工程由臺灣名匠司蔡明學所率之團隊共同完成。

水車堵裝飾，係由臺灣跤趾名師葉星佑精心手工捏塑燒製而成，作品為三國演義故事，華容道上關公義釋曹操、長板坡趙子龍勇救阿斗，形態生動，色彩豔麗，更深富忠孝節義之教育意涵。

綜觀前述，靈忠廟從上而下，從裡而外，無不處處刻意經營與創造，經由各匠司的智慧與技術的結晶，讓廟可說是琳瑯滿目、巧奪天工，集民間藝術之總匯。（註六八）

註六八：資料來源：二〇〇二靈忠廟承建商臺灣桃園山斗工程設計有限公司林光毓。

第三節　碑文

二〇〇四年靈忠廟修建完工後，於廟的西側興建一碑文牌坊，並將靈忠廟的歷史緣由以大理石刻方式記載，全文如下：

金門縣烈嶼鄉東林靈忠廟重建誌

夫尊天地，敬神明，建廟宇，祈福澤，安黎庶，勵向善，此所以興教化而正人心，乃鄉梓閭閻之當務，亦宏揚千年文化、薪火相傳之根本也。

本廟居烈嶼龍蟠山之陽，原名『厲王廟』，奉祀唐朝抗賊名將張巡，張公於安史之變，忠貞不貳，剛毅不屈，堅守睢陽；然孤城寡師，卒以援絕糧盡，城破被俘。張公忠義干雲，寧死不屈，慷慨陳詞，壯烈成仁，後人景仰，尊奉為神。鄉先賢感佩張公之忠義，乃分爐金門城睢陽著節廟供奉之厲王爺神靈，立廟奉祀。厲王爺威靈顯赫，庇佑境民。嗣後，清嘉慶年間，村民出海捕魚，遽逢颶風，收網時，乍現神木一段，頓時風平浪靜，化險為夷。神木上隱現：「洪府元帥」四字。寧非神祐？鄉里一時傳頌。旋又託夢本境縉紳，遂依貌塑，入廟奉祀。善信虔誠，香火鼎盛，威靈顯赫，祐蔭四境，黎民和樂安康，地方賴以興隆。民國六十五年重建正名為『靈忠廟』。

本廟初建之年已不可考，惟有神龕刻文「嘉慶壬申宏興廟宇」可為證，是以建廟之年當在「清仁宗嘉慶壬申年（西元一八一二年）」之前，迨無庸議。廟宇始建，物力維艱，因陋就簡，狹窄陳舊，雖經多次修葺，尚不敷迎神賽會之需。經本境暨旅居星洲、汶萊、臺灣等地諸善信，共起重構之籲，一倡百和，共讚隆舉，飭匠庀材，於民國六十五年拆除重建，以迄於今。茲又因廟宇架構老舊、垣壁剝蝕；益以東林實烈嶼首善之區，誠有失觀瞻。遂有鄉人倡議重建，旋組重建委員會，勸捐集資，鳩工庀材。再獲我旅臺鄉戚善信大力支持，旅星洲、汶萊僑親慷慨解囊，踴躍捐輸，方得水到渠成。民國九十一年桂月吉日擘畫重構，委由臺灣桃園山斗工程設計顧問有限公司林光毓君設計建造，是年陽月初六吉時興工，於民國九十三年桂月落成，並擇於陽月慶成奠安。

新建廟宇坐卯向酉兼甲庚分丁卯金丁酉火，採水泥結構，木作裝修，冀歷久彌堅。登斯廟也，蟠龍錯彩，棟樑凌雲，花崗楹柱，輪奐聿新、宮殿堂皇、威武雄鎮，工藝之精，格局之美，堪羨吾島。今者廟宇重建落成，壯麗更勝舊觀，善信捐資造福，神明憑依有所、祈顯赫威靈，佑我黎境平安，爰敘始末，勒石以誌。

重建委員會　謹識

林德恭　敬撰

中華民國九十三年歲次甲申年吉月吉旦立

第四節 楹聯

大門聯（一）上聯：龍蟠聖地廟堂巍巍安烈嶼；
下聯：洪府元帥神威赫赫保東林。

大門聯（二）上聯：靈聖協和百世生機資化育；
下聯：忠義千秋元帥浩氣滿乾坤。

廊壁聯 上聯：靈廟鍾毓澤被蒼生同感化；
下聯：忠心一片安邦護國肅威儀。

東對門 上聯：註心為民慈悲救世千般樂；
下聯：生德如天博愛為懷萬眾春。

西對門 上聯：福澤弘施百業生財歌歲捻；
下聯：德恩廣佈萬民樂利慶年豐。

柱聯（一）上聯：靈威顯赫保國護民儀萬載；
下聯：忠心耿介福佑鄉梓千百年。

柱聯（二）上聯：洪聚祥雲名剎宏開登天府；
下聯：元仲法雨神靈顯赫指仙師。

主龕聯 上聯：抗節濟時艱功存社稷；

下聯：顯忠施世正氣壯山河。

東龕聯

上聯：慈心濟世福無疆；
下聯：光照塵寰澤黎民。
橫聯：註生娘娘。

西龕聯

上聯：保崇香火皈保護；
下聯：全賴神庇永扶持。
橫聯：福德正神。

第五節 組織運作

靈忠廟的組織，稱為「公司」，公司的最高權力中心，是以「境主洪府元帥」及其他眾神明的指示為主，透過「童乩」、「卜筊」等方式，指示「頭家」及信眾、村民行事。

頭家是由各口灶輪流擔任，每一年由「八口灶代表人」輪值擔任「頭家」，並於農曆十二月十六日在廟內神明見證下，抽籤再細分為「八鬮」即編號一至八號頭家，各負責其廟務，其中抽中第一鬮之頭家，又稱為「大頭家」，統籌本值年廟方所有廟務工作，其工作量與責任感都較其他頭家來得巨大，抽中大頭家之信眾，皆認為是「元帥爺」賜福、保佑，是莫大的福報，設宴宴請其他頭家及村中長老、信眾，一方面感謝神明庇佑，一方面也請眾人予以協助辦理廟務。

靈忠廟廟務的運作是以家戶為單位，以「口灶」來代表各家戶，每一口灶以家長為代表，並依序書寫於一塊木板上，稱為「香火牌」，每十天為一單位，依序輪流到廟裡負責「點宮火」，以維持靈忠廟香火。

靈忠廟重要節日暨辦理事項及刈香祭祀活動大頭家應辦理事項如下：

靈忠廟重要節日暨辦理事項一覽表

日期	項目	辦理事項
正月初一	迎新年	敬菜碗、燒清金
正月初三	接神	敬牲禮
正月初九	玉皇大帝千秋	備供品
正月十一	放兵	備三牲
正月十一、十二	食生雞	備三牲
正月十二	刈香、收兵	鎮八營
正月十五	乞龜、討金錢討肉圓	虎爺出巡
三月十五	保生大帝千秋	鎮五營
四月十二	蘇府王爺千秋	備牲禮、供品
四月二二	境主洪府元帥千秋	做醮
七月初七	李府太子千秋	備牲禮、供品
八月初二	邱府王爺千秋	備牲禮、供品
九月初九	張府厲王千秋	備牲禮、供品
九月十九	佛祖千秋	於佛祖廟
十月初一	聖賢祖千秋	備牲禮、供品
十二月十六	收兵	各家戶犒軍
十二月廿三	送神	備牲禮、供品

第六節 儀式信仰

一、吃生雞：祭虎爺儀式

靈忠廟早期並無奉祀虎爺，相傳先民在無意中發現到一尊老虎塑像，認為其造型相當漂亮，於是便「撿」回靈忠廟，也無任何祭祀活動，直到有一次，廟中有位乩童，在一次的「起乩」儀式中，突然於地上翻滾，不時並跳上香案桌上咬食供品，且口吐白沫，形式相當兇猛，也引起居民的恐慌，經「元帥爺」指示，得知「虎爺」因不滿居民忽視「他」的存在，也從來都未加以祭祀，且所在位置潮溼積水，因此不得不附身於其他乩童上自已找食物。

故此，在每年農曆正月十一、十二兩日，靈忠廟於廟埕擺設祭桌祭祀虎爺，由於虎爺一般都為宮廟的護衛角色，神龕也都位於地面上，且又

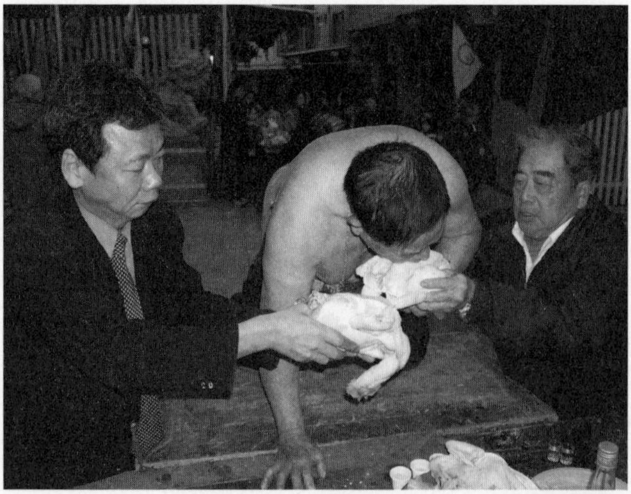

2003年吃生雞儀式

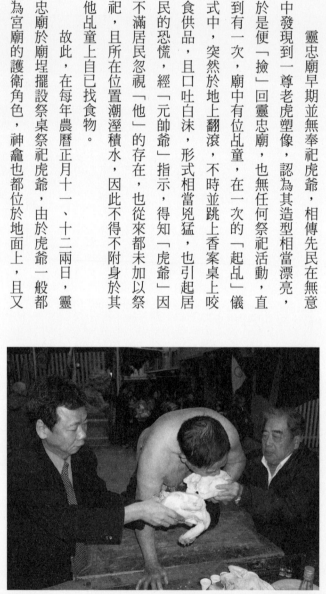

具「野獸」性格的動物神，祭祀的供品，以「生食」為主；輪值頭家會於祭桌底下擺上生的「三牲」，村民備好未經煮過的「生雞」，供在廟前祭桌上，舉行稱為「食生雞」的儀式。

儀式過程，由法師敲打「法鼓」，一面口施召神咒語，俟神明附身起乩後，法師協助穿上「八卦兜」及「龍虎裙」，童乩起乩後狀態有如虎爺上身，不時躍上祭桌咬食「生雞」，同時將咬在嘴巴的的雞肉餵食圍觀的村民，村民們相信，咬食到經神明加持過的雞肉，會帶來好運。

二、放兵

靈忠廟每年農曆正月十一日約在下午時分舉行放軍儀式，儀式開始前，頭家於廟的東側備好香案桌，桌上備熟雞、肉、魷魚等三牲一付，桌底備生的雞、肉、魷魚三牲一付敬虎爺，廟前備「草料」一份，犒賞神馬。

放兵儀式進行時，道士口唸咒語拜請道教諸神及境主洪府元帥等眾神下凡享用供品，頭家則配合道士的科儀，協助將將酒倒入酒杯中，完成三獻酒。

酒行三次完畢後，道士再宣讀疏文，向上天稟明此次放兵的用意：

「三元鳴動鼓角召集軍兵敕造符令奉符安鎮，恭迎：東林宮中列位神明聖駕出社遶境，畢備牲儀俵化冥金具設菲儀，犒賞將吏兵靈符，鎮守怯災集福普掃不祥，凶星退位吉宿進鄉，鄉中寧靜五穀豐登，六畜昌盛四時無災，八節有慶諸事如意，全望恩光庇佑」

接著吹起法角，召集神兵，安置五營兵馬：

嗚角吹來第一聲，鬧紛紛開天門，軍兵出天門，神兵火集如律令。

嗚角吹來第二聲，開地戶，兵馬出地戶，神兵火集如律令。

嗚角吹來第三聲，人門開，兵馬走出來，神兵火集如律令。

嗚角吹來第四聲，塞鬼路，人路通，鬼路絕；人路長，鬼路短，人路長堪走馬。……

嗚角吹來震五方，五營兵馬來會防，五方五帝騎五馬，迎來下馬入我壇，神兵火集如律令。……

五營仝樣人人頭戴盔、身披甲，手執長槍火炎旗，九夷鎮東營、八蠻軍鎮南宮、六戎軍鎮西營、五狄軍鎮北營、三秦軍鎮中營。

道士手執三清鈴，依序腳踏東、南、西、北及中央五方位，再執法索每營打三下，含花枝水向外噴之，配合道士功法，長老及頭家手執王旗，由內往外逆時鐘方向揮舞王旗，並將代表神兵神將的七星寶劍插入廟埕，象徵兵將自神明統領處佈防於聚落空間中，完成五營兵馬安置。同時火化金紙，犒賞五營天兵天將，稱為「犒軍」。

三、請火

「香」、「火」代表的是神明的「靈力」，請火儀式主要的目的就是要增加神明的靈

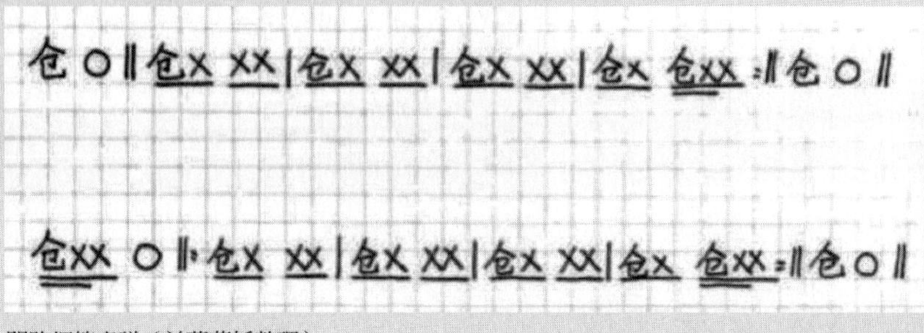

開路鑼節奏譜（曾葉萌恬整理）

力，刈香則是神明遶境巡安，信徒藉由香火與神明之間的交換，以祈求「闔家平安」。

正月十二日約於早上十時左右，頭家在長老的指揮下，將廟內眾神明並安奉於「神輦」上，稱為「綁輦」；靈忠廟共有四頂神輦，分別為「洪府元帥」、「厲王爺」、「理學名宦」及「虎爺太平輦」；洪府元帥、厲王爺及虎爺神輦上方插上青、紅、白、黑及黃五色代表五方位的五龍旗，理學名宦屬文官性質則以「紅彩」包覆轎身。

當一切準備就緒，由法師專人「開鑼」，稱為「鳴金七落」，請火儀式隊型依序為開路鑼、頭旗、五方旗、道士、大鼓吹、乩童、神輦、太平輦、鑼鼓隊、進香善信，一行浩浩蕩蕩，敲鑼打鼓，聲勢浩大步行至村郊「湖仔」，進行「請火」儀式。

由於舊時交通受限，故以象徵性朝向厲王爺祖廟的方位請火；在現場中，備好香案，並以此香案為中心，王旗立於香案前方，後側停放神輦，右側由五方旗駐守。

鴻造所伸意者伏以今春新正以來，慮恕天道不順人物不安，欲求鄉中男女平安之福。

鎮符符令製作

涓卜今月十二日，仗道虔備物料就于湖埔本垵發具文詰于祖殿洪府元帥爐中請割聖火，切恐祖殿遙遠聖旨難聞，但臣未敢自便先具文表一角，有勞三界真符使者，謹上詣祖殿，奏請洪府元帥伏望聖慈憐憫，准臣所請刻于今日時中請火真香，聞割過爐付軍兵火急到東林宮迎接接，願乞身離祖殿飛雲下降直上靈輦歸崇奉永為福佑，伏願請火以供人物咸安，五穀豐登六畜昌盛，男女平安，庶下民無任 望恩之至 謹懷以聞

宣讀後疏文後，道士於香案前點燃木炭及香把，隨即將香插於各神輦前，眾人抬起神輦遶行香案三圈，取下代表神力的燃燒木炭置入香擔爐內，返回廟中香爐中，完成儀式。

四、刈香、鎮八營

刈香是神明遶境巡安活動，同時藉由「鎮八營」儀式，以界定東林境「內神外鬼」的神聖領域。

東林鎮八營所使用的符令為「竹符」、「木符」及「令旗」等三種；木符及竹符的長度要符合「寸白」，竹符長一尺二寸，竹符所使用竹子取其一段剖半來使用，竹子要陰乾，符頭要用紗線綑綁，符的下半部削成尖狀，最後再將準備好的符令書寫上各聚落境主、各路神祇名稱、三十六天罡等。令旗的使用則製作成三角形，並以顏色來區分五個方位，即藍色代

靈忠廟鎮八營一攬表

	名稱	兵將符令	令旗色	位址
外五營	東營	九夷軍竹符	青色旗	位於萬神爺宮後
	西營	六戎軍竹符	白色旗	西宅芬園（郵局後方）
	南營	八蠻軍竹符	紅色旗	頭墩（頂湖溝）
	北營	五狄軍竹符	黑色旗	白鶴塘邊（運動場）
	中營	三秦軍竹符	黃色旗	大墓（空降堡東南邊）
內三營	元帥爺	元帥本營竹符	紅色旗	宮後（輦間後方）
	厲王爺	厲王爺本營竹符	青色旗	宮前（市場根陣店右後方）
	太子爺	太子爺本營竹符	黃色旗	八仔溝

表東方、紅色代南方，白色代表西方，黑色代表北方及黃色代表中央。

鎮八營分為村郊「外五營」及村內「內三營」，其方位為：

鎮八營的路線近請火位置的「頭墩」開始，沿著村落外圍，以逆時鐘方向，依序為南、東、北、西、中五方位外五營鎮符；當抵達鎮符位置，拆除舊有符令，再插上新的符令，配合道士鳴「牛角」，抽打「法索」，頭旗配合由外往內揮動，象徵天兵天將駐紮於此，再焚香祝禱燃放鞭炮後，完成鎮符儀式。

隊伍轉入村落內，延途所經家戶，村民手持清香，對神輦祝禱祭拜，隨即以自已的香插在神輦上，同時拔取神輦上的香，插回自家的香爐，藉由「換香」的程序，將神明的靈力保

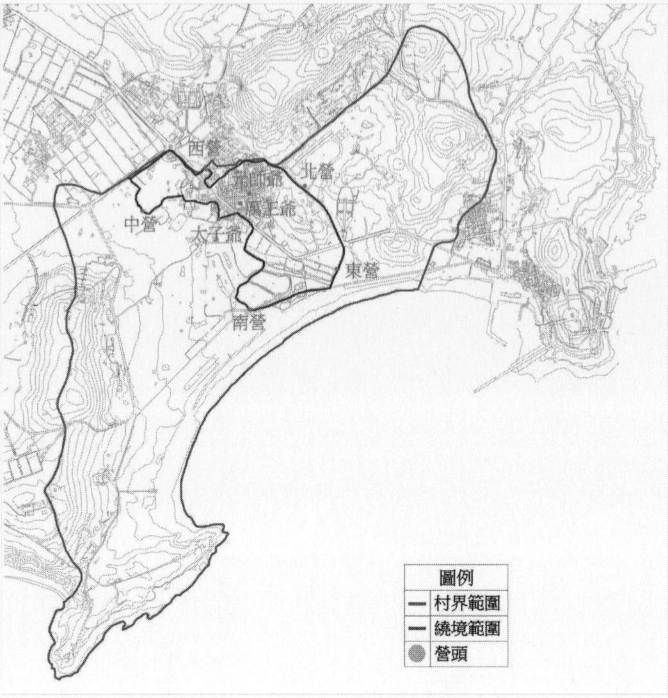

鎮八營繞鏡圖

留在自家中，以庇佑家庭平安。

「內三營」的安營儀式，以分別代東林靈忠廟神格最高的三位神祇，即洪府元帥、厲王爺及太子爺的名義，在廟的正前方，及宮廟前、後位置，以其神威立符安營；這種內三營的設置，可說是聚落內第二層的防禦，也可說是為保護指揮中心即靈忠廟所做的防護措施。

五、收兵

正月十三傍晚，由大頭家於香案前燃香向神明祝禱，完成刈香儀式，

> 今則設醮召集五營軍兵安鎮各方位，法事已完週應于收回誥賞……，今則收軍法事完週，尚祈聖恩賜福消災全賴善功……神歸龕、佛歸殿，諸各皈本爐位，

道士吹起牛角依序收回五營兵馬，長老配合收回廟埕七星劍，返回廟中插入主香爐中，頭家將「進香旗」發放各家戶，完成收軍儀式。

六、討金錢討肉圓：虎爺遶境巡安

傳統民間信仰中，虎爺稱為「下壇元帥」，一般供奉於神桌下，民間相信虎爺威猛的型，具有驅逐邪靈、保護廟堂的功能。

「討金錢、討肉圓」虎爺遶境巡安儀式是在每年農曆正月十五日元宵節，約是在傍晚時分，先由長老焚香祝禱，「卜筊」取得神明的同意後，自神桌下請出虎爺，安置固定於「太平輦」的神轎。

儀式大約由八至十二人組成，包括：王旗二人、抬太平輦二人、敲鑼二人及抬金帛菜籃二人，但可視到場人數增加敲鑼和抬金帛菜籃的人數。

東林「討金錢、討肉圓」儀式歷史已非常久遠，相傳以前參與儀式的人員是有限制的，王旗必須由靈忠廟輪值「頭家」才能舉拿，本廟眾神明的「乩身」也就是「童乩」抬金帛菜籃，並由童乩之子抬太平輦，但因為儀式進行時，各家戶祭祀虎爺的供品常有小孩零食，或常有以「紅包」代替，他們會覺得不好意思，後來儀式參加人員就慢慢變成以小孩子為主；由於以自願參加的形式為主，因此儀式中的各項工作人員每年均不一樣，在儀式開始前，由廟中長老簡單地交待如對虎爺要恭敬、小心使用各項工具、王旗的揮舞方式等此次儀式應注意事項，並挑選本次較為年長的小孩執舉王旗，並主導本次儀式的行程。

儀式的開始，隊伍由二面王旗為前導，虎爺的太平輦居中，鑼隊及金帛菜籃殿後，以靈忠廟為起點，開始到東林境內各家戶進行「討金錢、討肉圓」；隊伍到達家戶門前，手執王旗的前導分立大門兩側，以順時鐘方向揮動王旗，以招來洪府元帥及厲王爺的神兵神將助

「討金錢、討肉圓」儀式

陣，在鑼聲的助陣聲勢下，虎爺的太平輦「衝」入居民住家，各家戶的主人已準備好「香」及祭祀虎爺的供品金帛等，太平輦稍做停留，讓並手執「香」的居民對虎爺祝禱上香，居民將香插於太平輦上，並

取下原太平輦上的香插於自家香爐上，稱之為「換香」；完成完上香、換香程序後，負責抬太平輦的人員，左右搖晃神輦，口裡唸著咒語：

討金錢、討肉圓、養大豬、賺大錢

討金錢、討肉圓、做生意、大賺錢

往屋內來回前後「衝」三次 ，若居民認為所衝次數不夠，或者主人住家較大，也可配合屋內大小另外往屋內其他位置衝及增加衝的次數，配合屋外王旗揮舞，及鑼聲大作交織熱鬧非凡的景象；儀式完畢，家戶將準備祭祀虎爺的供品、金帛等交由抬金帛菜籃大統一收執集中，最後再統一焚化，除此之外，各家戶也會準備一個紅包慰勞參與儀式人員，隨著供品逐漸增加，負責抬金帛菜籃的人員要不時要將這些供品金帛先拿回廟中存放，整個討金錢、討肉錢儀式就是這樣沿東林境內各家戶依序施行，大約在夜間十時左右結束。

儀式結束後，隊伍回到靈忠廟，虎爺自太平輦請下，再供回神桌下，王旗、鑼及金帛菜籃放回倉庫收存，金帛統一焚燒，所收紅包由參與儀式的人員均分，供品則放在廟中，或由參加人員自行拿取。

七、神明千秋建醮

靈忠廟為東林的神聖中心，廟中神明庇佑村民平安，為叩謝神恩，於神明聖誕千秋日，會「做敬」建醮為神明祝壽，祈求賜福。

東林每年農曆三月十五日保生大帝、四月二十二日境主洪府元帥、十月初一日聖賢祖等神明千秋日，舉行做敬建醮以祈求合境平安；聖賢祖祭壇設於忠孝堂內，其他則於靈忠廟內舉行。

建醮時先於大門門楣懸掛敬聯，上書有「祝壽植福」，兩側聯對分別書寫：「聖德巍峨蒼生感德、神恩浩蕩黎庶沾恩」，具體說明此次做敬目的；大門入口處設置「天公壇」，而為顯示「天公」至高無上的地位，天公壇另以板凳墊高以表尊敬；入口兩側分別擺設金、銀壇，壇上掛著「高臺錢」。

廟中神龕前佈置「法壇」，為道士宣行科儀的主要場所，佈置以懸掛道教諸神之掛軸式神像為主，正面懸掛三清大帝，由左至右分別為上清

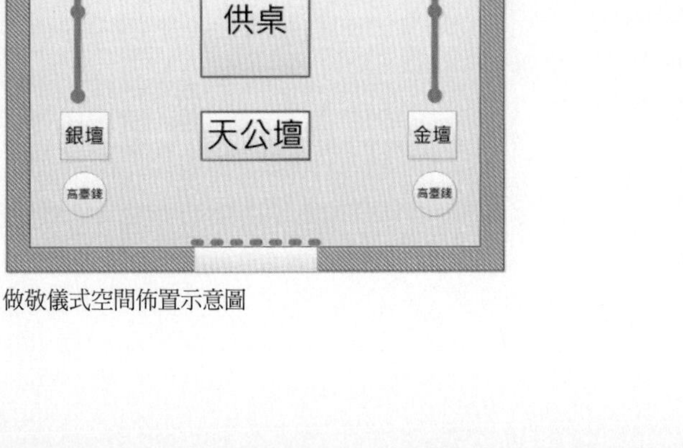

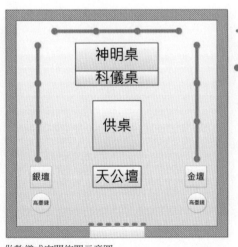

做敬儀式空間佈置示意圖

靈寶天尊、玉清元始天尊及太清道德天尊；左側懸掛張天師、玉皇大帝及南斗星君，右側為北斗星君、紫微帝君及玄天上帝(以逆時鐘方向)。掛圖神像前方供奉自神龕中請出之廟中所祀諸神；再往前方位置以八卦桌設置道士演繹功法之科儀桌，上面供奉紙板型道教護法神，稱為「聖位」，用以守護道場，科儀桌上側邊供奉祈福用「斗燈」，斗燈內容包括：銅鏡、木尺、寶劍、秤、彩傘、長明燈、香爐、剪刀、花生、米、芋頭等物品。

廟的中間位置則以八仙桌組成，供信眾擺設供品及祭祀場所。做敬儀式空間佈置如下示意圖：

儀式主要流程為：

1.起鼓：由道士擊鼓入醮，代表儀式自此開始。

2.發奏：發奏表文，上通三清三境宮、地水列聖宮、金闕玉皇宮等天境，闡述設醮是為祝壽答謝植福事。

3.鬧壇：以道士的身形、步法為主，為儀式帶來熱鬧氣氛。

4.請神：頭家於天公壇前，上香向天公揖禮；接著道士口唸經文，邀請包括玉皇大帝、三界諸神及廟中所祀諸神，下凡入壇來接受奉祀，頭家配合道士口述經文，將酒分三階段倒入香案前酒杯，完成三獻禮。

5.誦經：分為早、午及晚朝，藉由道士誦唸經文，敘述神明以道德修身並成正果

6.獻敬：道士口唸經文，向神明敬獻供品，頭家列於香案前，依序傳接供品，內容如包括香、花、燈、茶、酒、菓、糖、米飯、金寶、經書等十項供品。

7.送天公：大頭家上香並卜筊請求應允，將天公壇及金、銀壇至廟外空地火化，恭送玉

齋壇或稱三清壇

皇大帝返回天庭。

8.鬧廳：儀式進行至此，通常已到晚上時間，藉由道士功法及後場人員再次炒熱儀式氣氛，以達儀式祝壽熱鬧氛圍。

9.迎斗燈：以籮筐裝入斗燈，上以花被覆蓋，配合鄉吹、鼓、鑼陪伴迎送至大頭家厝。

10.辭神：儀式的最後，由道士誦經恭送各路神明，火化金紙。

八、中元普度

農曆七月份，民間信仰所謂的「鬼月」，傳說中每年每到這個時候，閻王爺會打開地獄之門，清空地獄，放出所有的鬼魂到人間來乞食。清《金門志》就已記載：

「七月朔日，俗稱開地獄門，至三十日，稱關地獄門；家家於門前致祭。」（註六九）

而到了七月十五這天，一般人俗稱為「中元節」，道家的地官赦罪日；另一個說法是佛家的「盂蘭盆會」或「蘭盆盛會」。

普度壇

七月朔起，各社延僧道設醮，做盂蘭醮；俗名普度，以祭無主鬼。里社公祭，各家另有私祭。（註七十）

東林的普渡儀式，起源於一九六〇年代，因東林市場完成，設置屠宰場，殺生過重，導致那幾年東林地區發生幾次死亡意外，居民人心惶惶，經境廟供奉的邱王爺的乩身傳達必須辦理普渡，以渡亡魂；但因普渡儀式須動員大批人力與物力，對於當時的居民來說負擔較重，最後長老們決定由東林街上商家分擔祭祀有關包括延聘用道士、糊紙、金紙、供品等費用，另提供場地供聚落內居民參與提供祭品贊普。

（一）儀式空間佈置：

1. 三清壇

齋壇是宣行科儀的場所，道家稱為「三清壇」，建置於廟宇前方廟埕，上面懸掛玉皇大帝、太上老君及包括玉清元始天尊、上清靈寶天尊、太清道德天尊合稱三清大帝的五幅神像；掛圖神像前方祭壇上再供奉南、北斗天尊等道教諸神之掛圖，同時頭家再準備三牲、發粿、紅圓等供品，上方懸掛「慶讚中元」敬聯。

2. 普渡壇

普渡壇為宣行普度儀式的場所，主要供奉大士爺；大士爺為一尊大型的紙糊神像，又稱為「普渡公」，因其臉部被製作成湛藍色，青面獠牙，表情猙獰，型態兇猛，大士爺頭部及頸部位置特別設計製作成活動式關節，藉著風的吹動，以增加大士爺的氣勢；大士爺下方另有一尊較為小型的觀音大士，傳說中為普渡眾生，觀音大士特地化身為兇猛的鬼王型態，藉以鎮壓群鬼，所以又有「觀音化大士」的說法。（註七二）大士爺龕前設置祭桌，擺設供品祭祀；壇上方懸掛「敬聯」，上書有「身形普化」。

3.孤魂壇

主要祭祀無主孤魂的場所，在東林的普度儀式中，孤魂壇共有二處，一處主祀「十方三界內，六道四生中，有靈無祀，有主無主男、女孤魂滯魄」，另一處因應金門因國共戰爭戰死之亡靈，特別設立「國軍陣公亡男女將士官兵靈位」祭祀。

4.豎幡，插路燈

豎幡的目的是為引導天地眾神明及各方孤魂光臨普渡場，接受善男善女的敬拜及供養；而插路燈除具導引功能外，另依聚落的外圍佈建路燈，也有將儀式的空間界定在東林聚落範圍。

祭男女孤魂

祭國軍陣公亡男女將士官兵靈位

（二）**儀式流程：**

1.安大士、薦孤魂：

儀式空間佈置完成後，由道士帶領「頭家」普度場進行「安大士」儀式，拜請「北陰酆都大帝」在內的所有掌管鬼界眾神明降臨普度場接受供拜；隨後再至孤魂壇舉行「薦孤魂」儀式，「奉請河沙三界內，六道四生中，有主無主，有主無祀，……男女孤魂等，……來臨香煙座，入道場……」。

2.坐壇：說法，施食

道士坐於桌上後，先行拜五岳冠，然後將佛冠綁束於頭上，唸經說法，藉由符令使孤魂淨身，將普渡場的有限食物，變化為無量食，使孤魂享受無盡，並將食物變為甘霖，變化食物的過程中，其他助法道士隨著經文聲，將祭壇上「接手」、「接腳」、「接頭」及「銅板」祭品，向前拋向前方民眾，撿取經過道士加持過的「法食」，可以保平安。施食完畢後，道士繼續勸孤，以期孤魂早日超生。

3.辭神

儀式的最後，居民先收回聚落外圍路燈，再進行辭神儀式，在道士引導下，頭家向觀音等諸神上香叩謝，恭送神明駕返回宮，同時卸下幡，拆除榜文、敬聯等本次儀式有關之香爐、香腳、香燭等物，連同敬獻金紙一併火化，以示祭典圓滿，以達合境平安。

註六九：林焜熿，《金門志》，一九六〇，臺北：臺灣銀行，頁三八九。

註七十：同註六九。

註七一：另一種說法是民間怕鬼王太過兇猛，故以觀音制鎮鬼王。

第二章

「忠孝堂」信仰

六世京師文相圖
九傳伯爵武軍門

第一節 林氏源流

忠孝衍派堂號圖

相傳林姓始祖為商朝宗室「比干」，比干是商紂時丞相，以忠正敢言而聞名，商末紂王無道，他犯顏直諫。紂王恨之入骨，於是殺了比干，剖開其心，又派兵包圍比干府，欲族滅之，比干的兩個夫人都懷孕在身，黃氏被捕立即處死，並剖腹取出胎中嬰兒，並將屍體以火焚燒。正妃盥媯氏，為了保住比干一脈，放棄殉葬，忍辱負重，被同情的士兵放走，並與四個婢女逃出朝歌，隱居長林石室（今河南淇縣西南）中，生下遺腹子：「堅」，周武王姫發滅商後，賜他兒子林姓，並封在博陵（今河北安平縣一帶），此人就是林堅。林姓由他最早發源，後人尊他為受姓始祖，稱林氏，是為河南林氏。林堅的子孫後來形成了著名的西河郡、濟南堂、下邳、晉安林氏、九牧林等郡望，還有問禮、九龍、忠孝等堂號，成為林姓最大派系。

林堅食邑博陵，林氏族譜謂：「博陵，古冀州地，又名西河」，其後裔便以「西河衍派」為堂號。

西晉時，中原士族因為避「永嘉之亂」大舉向南方遷徙，林氏也隨之南遷到江蘇下邳（今江蘇宿遷東南）一帶，一部分人定居當地，形成著名的「下坯林氏」。

福建林氏系出徐州下邳。晉朝黃門侍郎林穎，隨元帝南遷，初居江左，穎次子林祿於明帝太寧三年（三二五），出任晉安太守，始居侯官都西裡，封晉安郡王，卒葬惠安塗嶺九龍崗，是為福建林氏始祖。

宋仁宗時，禦史林悅呈閱族，仁宗以林家世代忠孝，皇帝親書：「忠孝」二字於譜首，其後裔便以「忠孝衍派」為堂號。

第二節 東林林氏源流

東林林氏先祖於元朝末葉，由福建泉州府田中遷抵斯地，迄今歷六百餘年。溯自吾始祖茂才公以迄，世代相傳已二十又一世（昭穆「永」），人丁繁衍，支脈分居海內外。

始祖考諱忠茂字五才，祖妣方氏孺人。育三子是謂第二世，昭穆「乾」。二世長子乾達公為長房祖，妣黃氏。昔傳分支遷居於臺，唯有待訪查。尚遺衍支在鄉者為再勝公兄弟兩家。二世次子乾禮公為二房祖，妣陳氏。二房祖再傳五子，分稱二房長、二房二、二房三、二房四，五子娶二妣，是有大五與小五之別。二世三子乾宗公為三房祖，妣蕭氏。此則今之伯爺一房。

三世昭穆「勉」，四世昭穆「尚」，名諱未詳待考。五世昭穆「預」。五世祖乃金波公太老，係二房長衍支，名諱不詳。六世祖昭穆「均」，六世祖金波公字可棟。明世宗嘉靖十三年甲午科進士。歷任沔陽牧、太平知府、河南府尹長史進階太子少保忠順大夫。妣姓氏未明，與金波祖合葬於同安馬巷府辜東山。七世昭穆「卿」，七世祖「大舍公」名諱待考。八世昭穆「士」，八世祖「台鼎公」名諱未詳。九世昭穆「爾」。三房傳至九世祖習山公字爾登號簡初，生於明神宗萬曆丙午年。於隆武年間，擁鄭成功反清復明，屢建軍功，受封忠定伯。卒於永曆十三年。欽賜御葬於廈門嘉禾山二十四都衡厝鄉。妣王氏一品夫人合葬之。十世昭穆「宗」，傳宗本祖地興建家廟，以告慰先靈，彰益祖德。

另據林長殊宗長云：「東林林氏傳至第八世始有祧別之分。一為頂房、二為二房長、三為伯爵、四祧失傳、五柱分大小二房一柱，即正房所出為大五柱，二娘所生為小五柱、六為第六柱、七為第七柱。相傳東林林氏為「一支一派」，始祖傳有二兄弟是謂頂房及二房。二房再傳為二房長、三房、四房、大五柱、小五柱、六房、七房。七房於分家產時，因在京求學，返家時已家產分盡，只分得牛舍、馬舍（今林樂思厝）及海沙田地。

東林林氏宏揚「孝悌仁愛」及維護「長幼有序」的傳統道德觀念，編訂「昭穆」世系表，以供後代子孫遵循：

乾、勉、尚、預、均、卿、士、爾、宗，起、時、奕、世、科、第、聯、登、長、發、永、祥、其、序、簪、纓，孝、友、忠、信、禮、義、廉、明、衍、慶、螽、斯、光、耀、留、馨。

東林林氏各祧有三燈號，「忠順大夫」，「少師忠定伯」，「文武世家」。忠順大夫係指東林林氏第六世祖林可棟之任官，該燈號東林林氏各祧通用。少師忠定伯係指東林林氏第九世祖林習山之爵位，該燈號屬三祧伯爺專用。文武世家係指其兄弟曾為高官顯要，該燈號屬大、小五祧用之。

註七二：本文資料取自於《東林林氏二房長家族譜／林第超》，林福德、林志斌整理。

第三節 林氏家廟

東林林氏家廟，始建於明嘉靖年間，至今幾經重修，最近一次是在民國六十八年，七十五年奠安。前進門廳上，榜書「忠孝堂」三個大字和「林氏家廟」橫幅，明白昭示林家堂號；前進門廳上，榜書「忠孝堂」三個大字和「林氏家廟」橫幅，明白昭示林家堂號。

林氏家廟堂構主要建材為花崗石，外牆下半堵均用之砌成，上半部則用彩色磁磚浮貼成飾，光亮照人。美不勝收！正廳屋脊上之泥塑，以及山牆頂端鵝頭墜飾。立體突出，五彩豔麗。

東林林氏家廟祖先廳的臺基石，中間一塊長六公尺。兩端石塊各長兩公尺，均為巨大花崗石條切琢而成，而且都是兩百年前舊物，這幾方厚重石基，象徵林氏家道永固，所以被族親視為吉祥寶物。

宗祠大門楹聯：「六世京師文相國、九傳伯爵武軍門」，「文相國」指的是六世祖「金波公」字可棟，明世宗嘉靖十三年甲午科進士，歷任沔陽牧、太平知府、河南府尹長史進階太子少保忠順大夫。「武軍門」為九世祖「習山公」字爾登號簡初，生於明神宗萬曆丙午年，於隆武年間，擁鄭成功反清復明，屢建軍功，受封忠定伯。

因宗祠供奉文相國金波祖與武軍門習山祖，位居高官顯貴，是於一般宗親皆不「進祖」於宗祠供奉；宗祠祖龕內有七方神牌牌位，分別為：

始祖忠茂字五才配方氏
二世長房祖乾達配黃氏
二世二房祖乾禮配陳氏
二世三房祖前宗配蕭氏
六世祖金波，明卿進士任河南尹府進階忠順大夫
九世祖簡初，明上柱國光祿大夫少師忠定伯
十世祖賁初，享壽八十五歲，生於天啟辛酉年四月初九日丑時，卒於康熙乙酉年十一月二十七日寅時，葬於東邊山坐甲庚內兼寅申分金外兼卯酉
皇清顯考文，林公神主（大小五柱祖）
另依據登杉宗長言，於第十世時其先祖二房長之林爾獻地興建宗祠，唯其身後神主牌允予入祠供奉，是於宗祠祖龕內原有兩塊私人神主牌位；至一九八六年宗祠重建奠安時，將這兩塊神主牌移出。

一、碑文：

林氏家廟重建落成誌

建宗祠，所以明昭穆，追溯木本水源，俎豆馨香崇家廟之永耀，祖德流芳，冀世代以長光，用示子孫不忘本焉。

溯吾始祖五才公自元末，由泉州府田中鄉遷卜斯地，至十世中葉，人丁蕃衍，人文傑出，迨至嘉靖年間，先賢倡建廟宇之首，一本孝弟敦宗之美旨，然以歲月悠遠部分坍

塌，屢經小葺，終非一勞永逸計，迨民國十五丙寅大事興修，光陰荏苒，瞬至民國四十七年八二三炮戰，損毀難堪。族裔等念列祖創業維艱，若非重新翻建，則何以彰祖德，而慰先靈。

乃於民國六十五年歲次丙辰，爰集眾議，發起籌款整建之舉，闔族響應，經費除收丁款外，幸蒙旅居新加坡、汶萊、納閩坡、吉隆坡、臺灣省等地宗親，踴躍捐資，歷時兩載，嗣至民國六十八年十月，全部竣工，仰瞻廟宇華麗壯觀，春祀秋嘗，永垂千秋而不朽矣，是為記。

撰文：許嘉桓

負責：登民　根陣　長標　振芳

二、楹聯：

大門聯　上聯：六世京師文相國；

下聯：九傳伯爵武軍門。

柱聯（一）　上聯：廟貌氣勢雄　負麟山面碧海　信乎地靈人傑；

下聯：祖宗福澤深　子相國孫軍門　猗歟文德武功。

柱聯（二）　上聯：繼述序人倫　百代宗枋永耀；

下聯：馨香酬祖德　千秋世澤長綿。

柱聯（三）　上聯：麟山崔巍　靈鍾秀毓開勝地；

下聯：碧海汪洋　波泛晴光映華堂。

文昌公龕聯　上聯：天上文章稱六府；
下聯：人間福曜並三臺。

福德公龕聯　上聯：地中何處非公在；
下聯：天下誰人不子來。

三、匾額

（一）題字：燕翼貽謀
無上下款

（二）上款：福建巡撫張為
題字：府尹
下款：明嘉靖甲子科舉人金波 曆洒陽牧晉封忠順大夫

（三）上款：明永曆八年欽賜少師忠定伯林習山
題字：進士
下款：裔孫等重立　中華民國六十八年春

（四）題字：理學名宦
無上下款

（五）上款：金門縣烈嶼鄉東林社林氏家廟奠安紀念
題字：揚我宗德
下款：考試院副院長　林金生 題

東林林氏家廟大門楹聯：「六世京師文相國、九傳伯爵武軍門」

（六）上款：金門縣烈嶼鄉東林社林氏家廟奠安慶典
題字：宏業濟美
下款：行政院副院長 林洋港敬題

（七）上款：金門縣烈嶼鄉東林社林氏家廟奠安紀念
題字：祖德長昭
下款：世界林姓宗親總會理事長
財團法人全國林姓宗廟理事長　林燈敬賀

（八）上款：東林社林氏家廟奠安誌慶
題字：源遠流長
下款：金門縣縣長伍桂林敬賀
中華民國七十五年歲次丙寅孟冬

第四節 族譜與鄉規

東林林氏現存的族譜為《東林林氏二房長家族譜》，由林第超於一九七〇年編纂，內容包含東林林氏源流、世系、歷代祖先名號、生卒年月、簡要經歷、傳說及宗祠楹聯匾額，摘錄序言如下：

本宗東林鄉係於元朝末葉由福建泉州田中遷移而來，始祖考忠茂字五才，林公祖妣方氏孺人，生有三子，是謂第二世，乃編輩份九輩為乾、勉、尚、預、均、卿、士、爾、宗，後來再編十六輩為起、時、奕、世、科、第、聯、登、長、發、永、祥、其、序、簪、纓，至中華民國五十九年十二月廿二日，庚戌十一月廿四日冬至節日，又再由十六世裔孫第超增編十六輩為孝、友、忠、信、禮、義、廉、明、衍、慶、螽、斯、光、耀、留、馨，在宗廟當眾鄉老及諸族弟姪孫等面前宣佈通告存載依行。

中華民國五十九年仲冬　林第超　謹識

附補誌第二世長子為長房，自昔即分支遷往臺灣（此事經本人親往調查失實）繁衍成為一大鄉族，餘支在本鄉者到現在祇有再勝公兄弟兩家。第二世次子再傳五子，長子為二世長房，次子為二世二房，第三子為二世三房，第四子為二世四房，第五子娶二妣分大五、小五，故鄉中自二房長、二房二、二房三、二房四、以及大五、小五，皆屬二世祖一支所傳。第二世第三子為三房及伯爺祖。

此外相傳在清代世風敗壞，女子常未婚而有身孕，名聲不好，民間流傳俚語云：「東林七星墩，未嫁先有孫」，故東林林氏於一八八四年清光緒十年，訂定《敦倫序》以約束族人：

敦倫敘

仝立公約字人鄉老世係科着科別第然　世善科辦第鋭等自我始祖肇
基烈東之派歷世以來傳繼子孫敦倫族規雍目咸熙
燕毛序齒勿忘遠邇迨至數年來族中有不法孀婦擅
自招後夫等前夫字　入庙設席享事年煙紊亂昭
穆拾以為例係等出為苦勸族內孀婦殀析之事自古
聖賢豈能狗免稽〇〇姜氏捐身操之矢志名流百也
今有不守節義圖貪〇影浪壞聲名遠臭萬年係
等不忍坐視爰集家儀自今以後乃有孀婦家貧無
依招夫養子世〇常理不准入庙設席等前夫學〇
誠恐長舌潑婦不遵公約者踵庙公誅預先各房人眾
咸知毋犯此約仝立公約字壹紙存公執照
光緒拾壹年十壹月十七日冬至居期　仝立

第五節　組織與管理

一、長老

林氏長老以男性為主，為宗親會最具權威的人，早期長老的資格必須為兒子生男丁，現為因應社會結構改變，改為兒子結婚向宗親會「報丁」後，即可升格長老。

每年除夕、新年，長老必須提供「供品」至祖厝內祭祖，另每年二名長老參與輪值，稱為「冬頭」，其經常性工作為每月初一、十五日祖厝內「點燈火」及整理內外環境，通知宗親參與村里之婚喪喜慶等事項及辦理祖厝各節日祭拜事宜，冬至祭祖「吃頭」，長老且免於參與輪值提供辦桌。

二、成丁

凡東林林氏子孫，新婚當年冬至向宗親會辦理「報丁」，即為「成丁」，成丁聽從長老的指示辦理宗親會事宜，每年冬至祭祖時提供祭品祭祖，會後提供吃頭餐飲。

三、管理委員會

一九九五年成立東林林氏宗親會，以管理祖遺財產、聯絡宗親情誼與急難救助為目的，並辦理宗祠祭祖祭典及協助宗親婚喪喜慶事宜，組織採理監事制，由各柱頭推選代表充任，首任理事長分別林綿，總幹事林福德；第二、三屆理事長林福德，總幹事林長遠；第四、五屆理事長林登注，總幹事林志斌、林發德；第六、七屆理事長林登培，總幹事林昭欣；第八屆理事長林長禮，總幹事林長展。該會設有「忠孝堂獎助學金管理委員會」以獎掖後進，鼓勵其子弟努力向學，每年十月份受理東林林氏子弟申請獎學金，十二月初審查，冬至日假忠孝堂祭祖大典時頒發。

第六節 祭祀與活動

除夕祭祖：

為表達對祖先的敬意，祭祖的供品以「山珍海味」為主，故事先規畫包括三牲、水果、螺肉、蝦丸、豬腳等合計四十碗菜單，各長老抽籤提供祭品拜祖。

正月初一日：

配合傳統習俗，初一各長老備素菜一碗祭祖。

三月初八日：

為二房長祖的紀念日，早年新丁於本日辦理「新婚桌」，現以牲禮金帛香燭炮祭祖。

清明節掃墓：

林氏始祖葬於陽山山麓，名曰「刺仔墓」，相傳此墓穴為「魯公土堆」，藉以破解西宅祖厝後之「魯婆現解」穴。二〇〇七年配合政府農地重畫整建祖墓，二〇〇九年修建完成，風水坐癸向丁兼丑未分金庚子，坐北朝南。

整建後的祖墓，長約一六・八公尺，寬約一七・三公尺，墓碑書：「林氏祖墓」，為「龜型」墓塚，四周以護牆防護；墓前方設置祭桌，左右以三曲手設計，中間環繞形成聚寶池風水。

墓的左前方供奉「后土」，左側則興建涼亭一坐，四週環境配合政府整建舖設草皮，綠

2003冬至吃頭

冬至祭祖

草如茵，整個墓區顯得莊嚴肅穆。

每年清明節上午時分，備好祭品金帛，林氏子孫齊聚於此掃墓清除雜草，之後在長老率領，司儀引導下，分別向林氏先祖上香、獻爵、獻牲禮、獻果品、獻紅圓、獻發糕、最後全體裔孫向先祖陵墓行三鞠躬祭禮，獻金帛、化金帛、禮成。

九月二十三日：

為二房長祖妣紀念日，辦理祭祖祭拜，成丁與長老皆可參與祭宴。

十月初七日：

為始祖五才公紀念日，辦理「老大桌」，僅長老參與此祭宴。

冬至日：

「冬至無回無祖」，許多旅居在外的林氏子孫，在冬至日回鄉祭祖，由長老率領子孫，透過上香、獻花、獻爵、獻饌（雞）、再獻饌（肉）、三獻饌（魚）、獻果、獻香茗、獻金帛，並宣讀祭文，祭拜祖先；會後全體長老及成丁聚集於宗祠內聚餐以連絡宗族情感，稱為「吃頭」。

十二月初三日：

為始祖母紀念日，以牲禮金帛香燭炮祭祖，辦理「老大桌」，僅長老參與此祭宴。

第七節　先賢列傳

一、林可棟崇拜

林可棟，字金波，其林氏族裔尊稱為「金波祖」，《金門縣志》卷十二「人物志」第一章「文舉表」嘉靖朝舉人記載：「林可棟，烈嶼東林人，甲午科（嘉靖十三年，西元一五三四）」；另該卷第二篇「宦績表」第一章「文秩表（二）．四品正從」於嘉靖朝部分有記載：「林可棟，東林人，歷沔陽牧太平知府伊府左長史，餘俸置田，遂以惠族，晚年應賓筵。」

林可棟嘉靖十三年（一五三四）中舉，嘉靖廿九（一五五〇）年前往北京，是年至吏部（天曹）參與「謁選」，並奉派任沔陽知州；嘉靖三十四年至三十六年（一五五五～一五五七）改任太平府同知；嗣後，並轉任河南伊府左長史一職，因伊王朱典木英悍虐、淫暴，林可棟身為伊府總管，無法阻止伊王朱典木英自取毀滅的種種荒誕行徑，因此選擇潔身以退，於嘉靖三十九年（一五六〇）前就行辭官退隱，也因如此，沒因戀棧宦途而遭牽連。

任宦期間，歷經知州、同知到最後官職伊府左長史，官制品階等同於「正五品」，辭官退隱後，正逢兩次皇帝登基，以「散階」上的晉陞為正四品官之初授散階「中順大夫」。（註七三）

明陳文燭所著「二酉園續集」卷十七中，「烈嶼東林人林可棟之墓誌銘」記載：

河南伊府左長史林先生墓志銘

嘉靖庚戌（廿九年，西元一五五〇），不佞以童子，從先按察公遊京師，得見林先生。先生謁選天曹，太宰李公試第一，授知沔陽州事。比歸應試，先生奇之：「異日必名世者！」諸生中如王給事頤、陳祠部述齡、丘戶部騰，先生遇以國士。而先生遺言：「生平之槩在沔，銘我者，其沔人乎？」是二三子之責也！先生之子夢竹，持族子奇石狀，泣而請焉。

林蓋光州固始人，晉永嘉間入閩。子九人，皆為州牧。數傳而有五才公，先生六世祖也。大父尚明公、父汝勛公有隱德，世居泉州同安縣之翔風里。先生穎敏不群，年十五喪父，且囑曰：「兒當亢宗，若兄弟倚而成也。」先生含涕識焉。弱冠補邑庠，家四壁立，帶經而漁樵也。時先生有重名，人多執經問奇字，所得脯糈供母甘毳之養。甲午舉于鄉，從學者日益。婚娶之。昆仲衣食之斗粟尺布，不私也。嗣守沔陽，沔介江漢，號澤國。先生至沔，會大旱，禱雨輒應。已復大水，沒民田廬，先生登城視之，籲天號慟，投牲于河，水旋平。除一切煩苛，與民休息，死徙無出鄉。州故有衛，軍民雜處。衛使者蠶食之，戍卒存者※（僅）千，而冒糧萬計；屯種之畝，盡為使者業。先生嚴稽之，歲省一萬八千有奇。使者難以侵漁，至相與仇誣州民為盜文，致成獄十八人，皆比死。先生憐而釋之，賴以存話（筆者按：疑字誤，當作「活」）。民間土著少而僑寓多，湖田至不納稅，又客丁免差。先生籍其富者三百戶，以補流移。歲請倉粟賑饑，當路不應，先生便宜給發，約來歲償之。秋果熟，民爭輸入。督糧判有米耗，入私囊。先生偶兼之，吏請如前法，先生革焉。父老請勒石為戒，先生曰：「孰與令甲哉？後來者自為耳。」其約己。愛人如此。歷五載，遷太平府同知。會入計，先生攝太守事，兼攝邑篆，治行如洒。遷 伊王左長史。伊王悍虐，有異狀。先生曰：「吾歸矣！可曳裾王門耶？」歸則閉門讀書，灌園自適，絕不與貴游相徵逐。每當初度，輒思父母，泣數行下，不欲稱觴。日以孝弟忠信訓其子姪。廣延茂才異等，與之師友。所積俸餘，分周族人，嫠者嫁之，鰥者婚之，幾至十人，期無負乃公遺囑云。性耽書史，年老廢視，猶命誦古文詞，臥聽之。壁間書三不言、不做、不盡、不敢十二事，以自警。一日偶病，其子孫藥不進。先生曰：「吾願學范文正公，顧力不逮耳！孝、廉，吾大節，子孫力行之，吾目瞑矣！某甲子，吾當歸。」其日果符。生以某年月日，卒以某年月日，春秋八十一。葬於長興里之原，先生所擇也。

不佞少事先生，比聞長老言，先生廉平吏耳。入閩，知先生鄉行甚備，有甘露降于庭，有犬乳貓。大司寇陳公道基異而記之，所稱「和氣致祥，克昌厥後」。大先生之業者，何可量哉！

配李氏。側室王氏。子一人，夢竹，王氏出，娶李茂春女。孫四人：雋卿、麗卿、彬卿、紹卿，皆有美質。

先生在，穆皇帝朝，進朝列大夫；今皇帝朝，進中順大夫，故稱先生「中順」云。銘曰：中順之風，翔而遠。中順之後，興而長！何以卜之？以生以藏。

另於《二西園續集》卷二十祭林金坡（波）先生文祭文：

嗚乎！先生之守沔也，所遇國士如王給事觀生、陳祠部子壽、丘戶部子雲，及燭四人耳；乃三子化為異物，而不肖官于閩也，何意先生之墓木拱耶？先生仕稱清白、鄉誦善良，令子承其家學，死不朽矣！昔庾哀叔之碑、蕭穎士之謚，皆門人為之，不肖當勉圖焉，庶幾報之以國士而已！職守攸羈，漬酒而奠，惟先生其聽之。

民間相傳六世金波祖為太子師，為人清廉，過世後追封為相國，御賜「橫棺」歸葬，「橫棺」而行，逢屋即拆，否則以錢疏通而過。

二、林習山

鄭氏父子經營金廈二島，在與清軍的對戰中，他的部將許多來自烈嶼，其中後封為「忠定伯」的林習山最具代表。

林習山，字爾登，號簡初，行七。烈嶼東林人，生於明神宗萬曆丙午（三十四年，公元一六〇六年）四月廿二日。（註七四）

在鄭芝龍初掘起招兵買馬時，林習山就加入了他的陣營中，而後隨鄭芝龍受明招安編入明軍中，一六三二年（明崇禎五年），追隨鄭芝龍掃蕩海寇劉香，在這場戰鬥中，「戈鋋攢萃，銃橫飛，海沸山摧，賊為披靡」，（註七五）次年，荷蘭人普特斯特聯合劉香殘部進攻漳州，鄭芝龍再次奉命出擊，林習山領船向紅夷夾版船做致其死命的一擊，「生擒夷酋一偽王、夷黨數頭目、燒沉夷眾數千計、生擒夷眾一百一十八名、馘斬夷級二十顆。焚夷夾版巨艦五隻、奪夷夾版巨艦一隻、擊破夷賊小舟五十餘隻」，（註七六）經這二場戰役，奠定鄭芝龍海上的霸權，林習山功不可沒，同時亦展露頭角。

鄭芝龍與鄭成功父子分道揚標之際，當時南明諸將並不看好鄭成功，而採觀望的態度時，林習山毅然決定效忠南明，帶兵追隨鄭成功；鄭成功起兵之初，尚無根據地，只能往返於閩海各島之間，而其部隊主力也海軍為主，林習山深受鄭成功信任，被委於其海軍主力樓船鎮，進攻海澄，隨後進一步取得金廈二島。

鄭成功對於軍隊的訓練非常重視，並有一套獨特的見解，他自知南兵善水，而不善騎射，北兵則相反，故要求北將習水操，南將練騎射，截長補短，交換訓練，（註七七）在這背景下，林習山從海軍樓船鎮，轉陸軍的右衝鎮，同樣屢建軍功，攻克同安；在鎮守達濠期間，得知黃海如欲叛，乃襲殺之，再收編其部隊，分配各鎮。

一六五一年（明永曆五年），施琅與鄭成功交惡，鄭成功亦殺之，而把他交付林習山囚拘於船上，林習山顧及同門之誼疏於防備下，把施琅交由副將吳芳看管，施琅用計騙過吳芳脫逃，並在蘇茂的協助下叛降於滿清；這個結果讓鄭成功非常震怒，「藩怒習山計放，欲殺之，未果；殺吳芳妻子五人，令芳跟尋……」（註七八），認為是林習山故意縱放，鄭成功治軍極為嚴格，當初他以一介儒生統領原為海盜各路人馬，特別注重軍紀的要求，對怯戰者、戰敗者常下令處斬極多，對貪瀆者、叛逆者也殺無赦，並常涉及全家，但鄭成功各鎮兵將，往往是由各將領自行招募，當時鄭成功剛佔金、廈二島，正值用人之際，對於手握海軍大權的林習山有層顧忌，故免其責；除此之外，協助施琅逃路的蘇茂，「夜以小舟載郎渡五通去，而席請罪於軍門；成功赦茂而授以郎職」（註七九），非但沒有處罰，還讓他頂替施琅的位置，最後只能殺了副將吳芳及其家人為這件事負責。

歷經施琅叛逃事件，林習山被罷黜領兵職位，但鄭成功仍借重其軍事專才，在北伐南京之役，隨隊出征，屯箚嶽廟山，連同諸宿鎮護衛鄭成功指揮大營，北伐失利，隨隊返回金廈；經此戰役，鄭成功體認到金廈始為彈丸兩島，難以抗天下兵，召集洪旭、馬信、林習山、陳永華等商議攻臺計畫，一六六一年（永曆十五年，清順治十七年），鄭成功大軍自金門料羅出發攻臺，但同時不忘其金廈二島的防務，乃令林習山等將領共同輔佐世子鄭經，守廈門調度各島，基於地利之便，林習山回到故鄉烈嶼駐守，訓練部卒，現今烈嶼東林陽山跑馬坡，據傳為林習山操兵練馬之處，之旁潮泊更稱為「洗馬湖」，是鄭軍洗戰馬餵馬之處。

卸下軍權的林習山，無官一身輕，「偽武閑員姓名開列：……偽忠定伯林習山」（註八十），受命來閩之清戶部郎中賁岱、兵部郎中金世德奏摺以「閑員」稱林習山，晚年居住故鄉東林，後世尊稱為「習山祖」、「伯爵祖」、「九世祖」，林氏家廟大門楹聯：「六世京師文相國、九傳伯爵武軍門」，並將洗馬湖更名為「習山湖」，興建燕尾、馬背式之閩南建屋「習山紀念館」，立有林習山塑像，用以緬懷先賢；民間上流傳有關林習山的傳說與故事。

相傳林習山乃「紅蛇神」投胎轉世，年少時到上林讀書求學，中午放學回家吃飯，但立

原名「洗馬湖」，今稱為「習山湖」

位於「習山湖」旁的林習山紀念館

即返學堂看書，學堂老師甚為不解，以東林與上林之距離，往返用餐不應如此之快，於是跟隨相看，才發現係蛇神備好午餐於村郊草叢間招待林習山食用。

另傳說林習山幼時，身著白衣白褲，某次路經后頭搭船赴大金，因天雨路滑而弄髒衣服，路旁有一女子因而訕笑，林習山甚為不悅，揚言「他日若得官爵，當使汝等鋪石板」，後來果真官拜提督，即派后頭女子鋪石板，但也導致后頭鄉親不滿，故有后頭與東林不結姻親之事。

稍長年約十二歲時，其兄在烏南坑種田時為海盜所擄，數日不見返回，家人著急，不多日，海邊有三帆船靠岸，林習山告知由他向海盜換回，果真換回其兄。身陷賊窟汕頭九龍祠的林習山，因略通文書，五六年後漸為海盜頭子所信而委予外出採購事務；有次外出採購時，不經意見得榜文捉拿海盜蔡謙，相詢之下方知汕頭

林習山故居及其後裔（林福德提供）

大明欽賜
御葬少師
忠宣伯林
習山公暨
元配王氏
一品夫人
巳像

林習山及元配夫人掛像

九龍賊首即為蔡謙，林習山驚訝與賊為伍而思平反，於是計議在蔡謙生日，眾賊酒醉時，以火燒船，海陸夾擊，直搗賊窩；遂平亂賊禍，奠下往後軍旅仕途之基。

傳說某次林習山自廈門路過西方返家門時，遇一女子，該女子於田間農作，相贈林習山一條長而寬葉之蕃薯藤作「解帶」（古時顯官之大板腰帶），林習山告之該女子：「他日為官，必娶你為妻」。不多年，林習山（十八九歲時）平九龍海盜有功，躍升高官，於是返鄉娶該女為妻。此時方得知該女子姓林，為免為同姓夫婦，林習山便要求該女子改姓為王。

當時島上西宅村莊人丁興旺，財大氣粗，規定凡騎馬路過西宅者須下馬，否則打斷馬腿；傳說林習山拜提督後，某次微服返鄉路過西宅時，未經留意，經西宅而未下馬，為此遭「西宅十八猛將」將其坐騎打斷馬腿，林習山具狀告西宅，西宅為

求和解，便割赤土及湖仔一帶田地供做練習馬匹及洗馬用，即今「跑馬坡」及「習山湖」。（註八一）

註七三：羅元信，二〇〇七，《烈嶼林可棟墓志銘考及其他》，金門：金門日報，二〇〇七／八／二十三。
註七四：參見《烈嶼東林林氏二房長族譜》。
註七五：《鄭氏史料初編／卷二／海寇劉香殘稿一》，中央研究院：漢籍電子文獻，臺灣文獻叢刊第一五七種。
註七六：明清臺灣檔案彙編，《鄒維璉，奉剿紅夷報捷疏》，臺北市:遠流出版事業股份有限公司。
註七七：參見黃典權，《鄭成功史事研究》，臺灣：臺灣省立臺南社會教育館，頁一九～二四。
註七八：楊英，《從征實錄》，中央研究院：漢籍電子文獻，臺灣文獻叢刊第三十二種。
註七九：徐鼒，《小腆紀年》，中央研究院：漢籍電子文獻，臺灣文獻叢刊第一三四種。
註八十：《鄭氏關係文書》，中央研究院：漢籍電子文獻，臺灣文獻叢刊第六十九種。
註八一：林長殊口述，林福德、林志斌整理。

第八節 故事與傳說（註八二）

一、第五世「相國先塋」：

第五世乃文相國金波公之父，名諱未明，其墓葬於湖井頭謀仔口，相傳墓室乃奉旨遷將軍宮而葬，墓前豎有明代皇旨勒建石坊旌表，中間橫匾書曰：「相國先塋」四大字；墓前海濱，有馬鮫魚窟，每年春季時馬鮫魚盛產，造福後代子孫，後遭大陸坪鄉洪姓人士佔有；一九四九年遭國軍拆除石坊、墓碑充做軍事工事。

二、第八世計退金門許舉人：

第八世名諱未詳，人稱「台鼎公」，墓葬於廈門禾山二十四都衡厝鄉；相傳明朝年間金門許姓人士高中會元時，皇賜錢糧，「看得見，食得著」，許舉人為廣其土地糧稅收入，乃渡海至烈嶼插幟收稅，從羅厝、湖下開始，沿途到東林時，為台鼎公所阻，並對許舉人等人說明，希望他能念林姓先祖曾為顯宦，越道至島上最大村莊青岐插幟收稅，最後再到東林來，唯許舉人不允；無奈乃唆使鄉中婦人，捧糞桶以帚污其坐騎。許舉人不甘受辱，欲上省告狀。

台鼎公為免村人受責難，遂隻身渡陸以圖解鄉之危，途中巧遇許舉人座師某顯宦之母林氏，正無處訪認外家親屬；公聞之即趨冒認親姑母，老太夫人以門風相配，遂認之；台鼎公將事情始末告之許舉人之師。其師聽聞後以利害告誡許舉人，謂：「皇賜錢糧，看得見，食得著」。係指金門本島而言，若渡海征收，則連京都亦看得見，食得著，則與皇帝相若，豈非叛逆者流？是乃化解吾鄉之急。

時嘉禾山衡厝鄉劉五店正與十三都洪姓人氏纏訟不休，聞公之智能聲望，乃聘為和事老，纏訟得解；該鄉人感公之恩而留任塾師。迨公壽終，鄉人集資為公厚葬並廣置田園以供後世子孫春秋發揮。

三、大五柱「金甕祖」傳說（粗官祖）：

傳金甕祖係懷胎七個月出生，因早產兒產在「粗桶」（木製糞桶），故宗親將「粗桶」改尿桶，亦將「擔粗」改「擔糞」，需避諱不言「粗」。

四、第六柱風水傳說：

相傳第六柱某先祖，在清朝末年，赴臺買官，過逝後於麒麟山擇風水墓位時，地利師告之，此風水為「進前萬人丁，退後三宰相」，後裔選擇「三宰相」穴位下葬；但因墓址對沖金門水頭之佛祖宮與關帝廟，時至初八、初九、初十日，因夜無星光月亮，但遙望對岸，隱約見到麒麟山有燈火相沖，導致水頭「雞不啼，狗不吠」，是謂「隔岸沖」，於是水頭鄉親欲「祭沖」，為免引起糾紛，乃訴將該祖墓遷至今後井村郊旁，於是未得到該風水。

註八二：林長殊口述，林福德、林志斌整理。

第三章

民居信仰

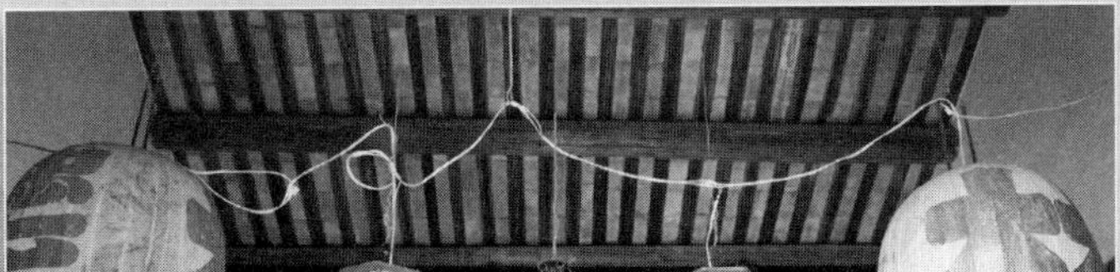

第一節 傳統民居的佈置

傳統民居廳堂佈置圖

「廳堂」是民居建築主要架構，是祭祀祖先、神明的神聖空間；傳統民居的廳堂最裡面的位置，即廳堂入口對面牆邊設置一稱為長案桌的長型供桌，長案桌上設置祖龕和神龕，並依「左祖右神」的方式擺置，祖龕供奉祖先牌位，神龕則供奉以灶王爺、觀音佛祖及福德正神為主的各路神明。

長案桌的正前方接擺著方型八仙桌，桌前加掛象徵喜氣，繡有吉祥圖案的稱為「桌圍」的紅色桌裙，做為祭祀時供奉供品的位置；八仙桌上方二側懸掛新娘陪嫁時所帶之「新娘燈」。

廳堂近門上方架設一類似八角型式的橫樑，稱為「燈樑」，樑中央正下方位置懸掛天公爐代表至高無上的天公，左右兩側懸掛天公燈，二旁懸掛「子婿燈」。

第二節 新婚拜祖順序

婚姻生活是人類社會生活的重要內容，是生命得以繁衍的方式，人們視為「終身大事」，更視為天大的喜事，婚禮前，除舉行拜天公儀式感謝神明外，通常還要祭祀村中各路神明，以叩謝神恩。東林林姓村民新婚祭拜的順序依序為：自家天公，靈忠廟奉祀神明，林氏宗祠忠孝堂，佛祖廟，溫王爺（楊誠善家），柳王爺（林福助家），西宅忠仁廟，各自柱頭神主：二房長（金波祖）、大五柱祖厝（長仰厝）、三房伯爵（福助厝）、小五柱（五柱之二娘神位，於登旺厝）、六柱（六柱祖，於蔡筆厝，現六柱祖神位於登藝厝）、七柱（樂思厝），自家祖先。

第三節 歲時節慶

一、日常燒香點火，早晚的的三柱香祭拜

俗話說：「舉頭三尺有神明」，除了勸人向善的意義外，也充份展現民間信仰神明無所不在的意涵。東林村民每日早清晨向廳堂祖龕供奉的祖先及佛龕供奉的神明上香，祈求庇佑平安，傍晚點亮燈火，稱「點廳火」，再燃上三柱香，感謝神明及祖先賜福；每日祭拜的方式較為簡單，通常未特別的準備供品，而是於祖龕前方即長案桌上設置一稱為「薦盒」的小型供桌，上面擺設簡單之小型糕點，奉上裝有茶葉的茶具，不另準備金帛焚燒。

除了祭拜自家供奉神明及祖先，外村民也會定期至靈忠廟、佛祖宮、萬神爺宮燒香點火，以祈求平安，同時會準備提供大量「香」置於廟內，村民相信，他人燒自已提供的香祭拜神明，自已也會分享一半福報。

二、初一、十五祭拜「宅主、門口、軍將」

每逢農曆初一、十五，都要拜「宅主」，居民的觀念中認為，每一民居中存在著有一個神，這個神是人們還未搬進來住以前就已經存在，並以「宅主」稱這個神明，為感謝宅主的庇佑，定期的祭拜。

由於宅主是無具體象徵神像，而神格的轄區只限於本民居，因此祭拜的方式是於廳堂前左側設置長型板凳，上面再擺設供品，供品的內容通常以簡易的糕點餅乾為主，未特別準備，燃香由外朝內祭拜。

拜「門口」又稱拜老大公，主要祭拜散佈在民居外圍的孤魂野鬼，為免危害到人們生命安全，此類的鬼魂是「討吃」的，故祭拜完宅主，同樣的祭品可再拜老大公，祭拜的方向改為由內往外。

拜「軍將」：靈忠廟洪府元帥派下五營兵將，庇佑東林境內平安，村民為慰勞他們的辛勞，每逢初一、十五，或者是配合境廟儀式辦理犒軍的儀式，於大門處祭拜，稱為「拜軍將」。

另外由於東林街上有許多商家無法兼顧住家與商店的祭拜，因此商家通常在初二及十六日祭拜。

三、送神與接神

傳統民居所奉祀的「灶王爺」，民間傳說灶王爺原為玉皇上帝的三太子，因為好色言行舉止不端，所以被玉帝罰到人間的廚房灶內，終日與婦女相處，留在人間做為監察人間言行善惡的灶神；而於每年農曆的十二月二十四日，返回天庭向玉皇上帝稟報人間善惡，以定來年人們的吉凶禍福。

因此當日要準備供品祭拜灶神及其他神明，讓祂返回天庭時不會說太多人們的壞話，且為了讓灶神上天庭可以佔個好位子，民間傳說「送神早，接神晚」。

送神後，村民利用神明不在的空檔，「掃塵」打掃廳堂佛龕，隔日上香迎接代替天神下凡來接替；隔年正月初四，「接神日」再接回神明繼續其任務。

四、拜天公：

農曆正月初九日是天公生日，俗稱「天公生」，傳說天公是至高無上的神，所以民間習俗在祭拜天公生時，要非常慎重，俗諺說：「天上天公，地下母舅公。」便道出其神格的高貴。

拜天公的地點在廳堂燈梁天公爐下，通常移動廳堂的八仙桌當做供桌，供桌朝外前方再繫上吉祥圖案的桌圍，桌上中央再擺上香爐及薦盒，爐之兩旁並備好燭檯。

供品極為豐盛，包括清茶及酒各三杯、五牲、十二碗菜碗、「九豬十六羊」之龜粿、發粿及糖塔、糖盞等。獻給天公的金帛主要是天公金，包括頂極金、太極金、天金、壽金等；有時供品、金帛太多，需另以長板凳或加一小桌置放；早期拜天公的時間大約在初九清晨，現今社會則大都於午夜過後即祭拜。

另民間信仰三官大帝，指天官賜福、地官赦罪和水官解厄，分別以正月十五日、七月十五日和十月十五日為神誕之日，居民也以同樣拜天公規格祭拜。

此外每逢重大喜事，如男人做十六歲、結婚等，及諸如家庭平安、事業發達、身體健康、或功成名就認為是天公保庇，故會舉辦「拜天公」儀式，以叩謝神恩，祭拜時間依個人擇日選定，供品通常也以全豬、羊祭祀。

五、拜七娘媽

七娘媽，又稱七星娘娘，傳說小孩在未滿十六歲以前，都是由天上的「鳥母」來照顧長大，鳥母又有一說法是「床母」，鳥母則是七星娘娘所託，因此七星娘娘遂成了孩子的保護神，尊稱為「七娘媽」。

在農曆七月初七日，是七娘媽的聖誕，當天傍晚時分，居民會在天井或屋外門前擺設神案，上設「七娘壇」，以三牲、果品、金帛及胭脂水粉祭拜七娘媽，以感謝其庇佑孩子；家中若有十六歲以下小幼童，則祭祀完後移轉至小孩床前祭祀床母，以示感恩之情。

六、拜月娘媽

八月十五中秋節是傳說中「月娘媽」聖誕，晚間月亮升起時，在天井或屋外朝月亮擺設香案，以三牲、月餅、文豆及金帛祭拜月娘媽。

農曆七月初七拜七娘媽

七、祭祀祖先

祖先崇拜是漢文化的特質，傳統民間社會中認為死去的先人會對後代子提供庇佑，消災降福；祖先祭拜除日常三炷香祭拜外，傳統節日春節、春分、清明節、中元節、秋分、冬至、除夕等民俗節日，村民準備豐富的供品，稱為「菜碗」及金帛來祭祀祖先，菜碗數量依家族的規模而定，但一般而言皆未少於十二碗。

在特定節日祭祀祖先，對於居民來說，是富倫理意義的，藉由祖先的祭祀維繫著家族的倫理關係，即使是遠在外地，無法親自參與，也要設法透過「代理」制度，提供金錢委請親人代為採買祭祀供品及金帛，並代為祭拜，於祭拜過程中，向祖先說明委託人無法親自祭拜的原因，並祈求祖先諒解並續繼提供委託人的庇佑。

第四章

「東林的陣頭」：東林藝陣組織

1980年代烈嶼民俗表演（林福德提供）

1991年東林迎祀大道公（林福德提供）

「藝陣」又稱為「陣頭」，是傳統民間最主要的休閒娛樂，特別是在迎神廟會及婚喪喜慶的場合中，藉由藝陣的表演「透熱鬧」，吸引民眾前來「看熱鬧」，也增添祭典的熱鬧氣氛。早期農業社會的藝陣大都由居民自發性的組成，居民平時忙於農作，利用農暇之時，聚集訓練，故藝陣除了表演「娛神」、「娛人」之功能外，同時藉由自主的練習，達到「自娛」的功用。

隨著社會結構的改變，傳統的藝陣因人口的外移而逐漸消失；一九七一年，適逢東林每二十年才輪值一次的「烈嶼保生大帝駐境巡安」慶典，村中長老倡議重組恢復或籌組新的藝陣參與慶典，得到村民熱烈回響，共有烈聲南劇社、東林西樂隊、東林國術醒獅隊、東林鑼鼓隊等。

第一節 烈聲南劇團

一、烈嶼傳統劇團發展背景

早期農業社會，遵循所謂「日出而作、日落而息」的自然法則；由於傳統社會缺乏休閒娛樂，所以日子過得簡單又平凡，惟有在節慶時為酬神演戲，「相揪去看戲」便成淳樸生活中重要的休閒活動。

相傳有一年農曆八月二十三日，后頭海灘駛來一艘載著廈門戲班的船，該戲班稱受一位白髮長鬚的長者，騎著白馬所託，到后頭來演戲酬神，但后頭村中並無戲班所稱之人，後經查找，才發現戲班所描述之人與廟中所供奉的「程王爺」相似，一時之間傳為神蹟，「程王爺愛看戲」傳頌島上，當夜麒護宮前，敲鑼打鼓，熱鬧非凡，島上居民扶老攜幼前來觀賞。

「看戲」固然深受民眾喜歡，但是一場戲所費不貲，並不是當時環境所能負擔，在窮則變通之下，請不起戲，那村民就自行來演，「演戲」則成為另一種休閒活動；在一九一〇至一九九〇年代，烈嶼各村落紛紛成立戲團，計有：后頭高甲戲、西方高甲戲、雙口高甲戲、克難閩劇團、岐山閩劇社、埔頭閩劇社、東川歌仔戲、烈聲南劇團、上苑歌仔戲及后井高甲戲，演出類型以「高甲戲」和「歌仔戲」為主，一方面演出酬神，一方面藉由「學戲、扮戲」做為休閒娛樂活動。（註八三）

早期戲班劇團之設備非常簡陋，戲服、道具皆克難而成，演出戲臺也以「汽油桶」為柱，上鋪上門板搭設而成，亦無固定劇本，臺詞，完全依據師父及演員自行摸索而成，居民戲稱為「地瓜戲」；即便如此，依然不減居民對於「看戲」、「演戲」的熱情。

二、烈聲南劇團的前身：東林「戲仔」

相傳在一九三〇年代，福建泉州石井人張虎西又名張好，張好以布袋戲為業，並兼演傀儡戲，傳聞他身形高大面容俊俏，唯命格為「半子命」，故雖娶妻生子，但是其妻、子女早亡，傷心之餘，遂四方演出，行同到處流浪，也由於他技藝精湛，口白流利，說唱逗趣，幾凡男腔女音，維妙維肖，四處表演，聲名大噪，深受觀眾喜愛，尊稱他為「好師」，演出地點包含金門、烈嶼及泉州、晉江、惠安等福建沿海城市。

一九三三年間，好師受邀到烈嶼演出，因緣際會下入贅東林林家（林樂思伯母），好師才結束了單身流浪的生涯，並落籍烈嶼東林。

好師居住東林期間，與鄉親多有互動，閒暇之餘，由好師傳授村民布袋戲及傀儡戲演出技巧，當年由林清丕出資購置布袋及傀儡戲偶，供其兄林清沙成立布袋、傀儡戲班，以表演營生。

當時烈嶼島上興起一股「看戲、學戲」的熱潮，村民許文舉與好師合議，將原布袋、傀儡戲的戲碼改為「歌仔戲」的類型，並招募村中如林登厝、林巡案、林登杭、林登資、林登福、蔡筆、蔡起、林登郎、林登讀、林水廳等青少年來學戲，成立「東林戲班」，又稱「東林戲仔」。

此時適逢有一來自大陸的歌仔戲團綽號為「黑肚偉仔」的「鑼鼓手」，受邀來烈嶼演出而未隨團返回，選擇留在烈嶼，不多久亦入贅東林林家（林樂思家）。

成立後的東林戲班，由好師擔任「師傅」，口述故事情節，許文舉等人再書寫而成演戲劇本；黑肚偉仔擔任戲班武場教練，傳授後場鑼鼓敲打；此外，邀請西宅擔任道士的林松杞教授團員「腳步走路」，林君多才多藝，善於表演，結合道士科儀的身形步伐，融入好師及黑肚偉仔的戲劇中，同時取其新婚妻子的嫁妝紅花布，運用其「糊紙」的技能製作戲服、道具；草創之初，因陋就簡，幾凡戲服、道具皆克難為之，劇目、劇本也依好師之記憶，口述而成，所謂的「地瓜戲」；即便如此，就在師傅認真的教導，學員孜孜不倦的學戲，東林戲班逐漸打出名號，邀約不斷而受邀到處演出。

後場樂師（林福德提供）

一九三七年後，日軍侵華，佔領烈嶼，許多烈嶼鄉民因害怕日本人而選擇出走「走日本」，劇團中多位團員外移南洋謀生，戲班因團員漸少而致演出中斷，團務暫停運作，其中團員林水廳落番至新加坡、汶萊，同時將其東林戲班的演出經驗帶至當地，教授當地成立歌仔戲團，如「汶萊婆羅乃音樂社」是當地僑界最富盛名的傳統戲團。

一九五〇年代，兩岸分治，情勢稍緩之際，東林又招募村中子弟許丕德、林安森、海豬、九成、林登彪、林清芬等人習藝演戲，再次組織東林戲班，受邀演出，頗受歡迎，然一九五八年兩岸紛爭再起，八二三砲戰爆發，團員多人遷居臺灣避難，東林戲班又復歇息。（註八四）

三、烈聲南劇團

一九七一年，東林輪祀保生大帝駐村巡境慶典，由李珍碧、許丕德、林成銓、林安森等村中長老發起重整戲班，且由於社會風氣日亦開放，本次招募團員不再限定為男性，招募的新團員中，男女兼有：林長臨、林建國、林長福、林長順、林要治、楊黎緣、林秀月、林麗勤、方珠瑞等人，文武後場由林登惠、林珠雪、許福利、林安森、林登回、林田雨、林登旺、林長雲等人擔任，並正式定名為「烈聲南戲團」，由林登惠擔任團長，是道地的「本地戲」；一九七七年起陸續再招募新團員，如林秀英、林秀雲、林玉絪、林玉瑕、林麗卿、林秀蘭、林賢蘭、蔡素惠等。

烈聲南劇團延續東林戲班歌仔戲的表演風格，雖是本土的「地瓜戲」，但排練、演出絲毫不含糊，當時劇本是由林珠雪口述，林登回再手抄而成；林珠雪極具戲劇天份，雖未受任何戲劇訓練，靠平時收看臺灣歌仔戲曲目後，編成「白」、「字句」等台詞，以口述方式，一字一句的指導學員，再由前東林戲班班員許貴教授「旦」角，林安森指導生角，林登白、林長裕等協助指導手勢、步伐等身段，演出前再由林田雨、林安森負責畫妝，林值獅、林登坵負責舞台道具，演出時搭配後臺文武界大小吹及鑼鼓，再加上華麗的戲服，閩聲南劇團一推出，即造成轟動，廣受鄉親喜愛，在農曆四月二十二日東林洪府元帥千秋建醮日公演，盛況空前，吸引島上各地的民眾前來看戲，「東林食物歹食，無鬃蓑也要柴屐」，亦即指做醮當日常會下雨，但仍擋不住觀眾的熱情，是當時最富盛名的劇團，幾凡年節慶典、廟會活動、宗祠廟宇奠安等都會受邀演出，演出地點遍及金門及烈嶼島上各地，甚至四月十二金城

演出

開場前準備

迎城隍及新頭伍德宮做醮撞期，需雙方協調錯開演出日期，以滿足觀眾需求。

演出的曲目以傳統民間故事為主，如三進士、狸貓換太子、雪梅教子、陳三五娘等通俗小說改編，其中又以三進士最受歡迎，其劇情為：

山西平陽郡的張文達，欲上京赴考，因為家道貧困，其妻孫淑林分別向常、周二家各借二十兩銀，文達赴京三年未返家，平陽地區卻又遭逢饑荒，又逢常、周二家索債未果後，強搶其兩名幼子，造成一家四散局面，其中常家搶走大兒子，周家搶走二兒子，並改名為常天保、周子卿；數年後，常、周二人皆高中進士，而文達依然無音訊，孫淑林百般無奈而以沿途行乞方式赴京尋找文達，因緣際會下竟賣身在常府，常天保的夫人，偏偏又對孫淑林百般苛責虐待，適逢常天保壽辰的前一天，周子卿的夫人派人去送禮，孫淑林因為代為接受禮物，讓常夫人生氣大發雷霆，再派孫淑林把禮物退回周家，方才罷休；周夫人見孫淑林老邁可憐不忍，問及身世背景，得知身世是婆婆，隔日常天保舉行壽宴，周子卿告知其兩人的身世，想要來認親，常天保怕在眾官員面前丟了顏面，不肯來認僕為母的態度，周子卿責備常天保不孝，兩人便上告到督察院大人處理，而督察院大人，竟然是二人父親張文達，張文達為此安排了一家人會面的團圓，孫淑林終於可以看到夫婿，兒子三人皆為官，成為「三進士」，最後終於可以一家重聚團圓。

由於劇中最後結局為苦盡甘來，圓滿劃下句點，且父子三進士，滿足觀眾對於功名及喜氣團圓的需求，深受歡迎，是迎神慶典必演的曲目，當時由林秀雲飾演的孫淑林，無論是哭調、唱功及身段，林秀雲將孫淑林在失去丈夫和孩子的無耐和受盡折磨之辛酸，詮釋得絲絲入扣，讓台下觀眾目眶泛紅，特別是上京沿途行乞那段，觀眾入戲太深，而真的將現金往台上獻出，每當曲終謝幕時，觀眾欲罷不能，久久不肯散去，「做戲的要歇、看戲的不歇」往往要請警察幫忙，以時間管制為由讓劇團休息。

一九九〇年代以後，現代流行音樂、電視、電影等多元式休閒興起，傳統劇團漸趨沒落，而隨著社會結構的改變，團員紛紛赴臺工作，烈聲閩劇團因人手不足而暫停運作，但劇團後場林登回、林

三進士演出（林秀雲提供）

劇團參加迎神

林秀雲（左二）參加葉青（右二）歌仔戲團與其他團員（林秀雲提供）

田雨、林長裕等樂師，運用其專業成立「東林鑼鼓隊」，繼續傳承傳統民間技藝。

更特別的是團員林秀雲，赴臺後加入著名的「葉青歌仔戲團」，並參與電視歌仔戲的演出，如「玉樓春」中飾演丁雪豔、白蛇傳飾李碧蓮、陳三五娘飾大嫂、薛平貴與王寶釧飾鄭皇后等，每當電視播放時，居民爭先走告，守著電視，一睹劇團第一苦旦的風采，也重現當年劇團的盛況。

註八三：林金樹，《金門民間戲曲與糊紙工藝之美》，二〇一五，金門：金門縣文化局，頁一七～三一。

註八四：訪談對象：孫張蕉（張好之女）、許丕德、林清芬、林長裕，由林福德（二〇〇八／三／二十四）整理；參考資料：林金樹，《金門民間戲曲與糊紙工藝之美》，二〇一五，金門：金門縣文化局，頁三二～三七。

第二節 東林西樂隊

民間婚喪喜慶的場合中，都會有適當的音樂以增進儀式的效果，提升典禮的娛樂性。在舊時農業社會中，民間社會的樂團以「中式」為主，包含「嗩吶」、「鼓」、「鑼」、「鈸」等樂器，俗稱「鼓吹」。然而鼓吹往往用來配合「師公」（即道士的科儀吹奏），曲調以「古曲」為主，較為單調，故娛樂效果也較為不足。隨著西方樂器的引進，如伸縮喇叭（長號）、小喇叭（短號）、薩克斯風、鼓等樂器，演出曲目則配合儀式程序的流程做音樂性質的表演穿插，基本上是以「流行音樂」為主，較為貼近民眾日常生活，故深受民眾歡迎。

在一九六〇年末期，東林村開始有了電視機，當時的電視機是以「黑白」為主，由於距離臺灣太遠，信號不穩定，受限於當時兩岸的戰爭氛圍，收訊天線並不能架設太高，故收視畫面粗糙閃爍，螢幕上往往只有「雪花片片」，獨留聲音，聞其聲不見其影。即便如此，電視的出現，仍然為村民帶來新的娛樂方式，「流行音樂」也恰逢其會，走入這單純的小村莊。

此外，當時島上駐紮大量軍人，軍中有不少西樂演奏的人才，在部隊典禮上演出，加上營區又在村莊附近，軍人與居民往來互動密切，在耳濡目染之下，東林村民林長標、林振盛、許金福、洪和盛、林福德等人，開始「玩樂器」，由於西式樂器售價昂貴，所費不貲，以當時的經濟情況，並非個人所能負擔，加上師資來源不足，故大都以「玩票」為主，並無正式的組織。

隨後，東林村規劃「保生大帝」迎祀祭典，籌組民間遊藝團體參與，以壯大迎祀隊伍，增進典禮的可看性，林根陣等人組織東林村喜愛西樂的村民，正式成立「東林西樂隊」。

由於駐守烈嶼十九師指揮部鄰近於東林北郊，部隊長官平時又與東林居民交好，故在村中長老林聯珠、林成銓等人的請託下，部隊長官指派當時「康樂隊」的樂師義務教導隊員，並依據其專長及興趣，分類分工，個別傳授各種樂器演奏技巧。

西樂隊草創之初，隊員僅有數人，吹奏樂器者有小號的林長標、許金福、洪植芳等，高低音薩可斯風的林福德、林振盛、劉長江等，鼓的演奏林根陣。隊員推選林根陣擔任隊長一職，聯繫、管理隊中事宜，練習地點選定在靈忠廟口，每日晚餐後定期在廟口練習。

經過一年的組織與訓練，在一九七〇年，鄰近村莊「羅厝」與「湖下」的聯合保生大帝迎祀祭典中，受邀參與加入迎祀隊伍。這是東林西樂隊成立以來首次正式演出，隊員無不全力以赴，務求完美表現，果不負眾望，初試啼聲即廣受好評。有了第一次的演出經驗，隊員繼續修練演出技巧並增加演奏曲目。隔年，東林西樂隊參與村裡恭迎保生大帝蒞境巡安的廟會盛事。廟會當日，東林西樂隊以統一的制服，將優美、喜慶的樂聲，隨著全島遊行遶境的隊伍，傳遍島上各村落，也打響東林西樂隊的名聲。至此以後，島上各村落神明廟會及居民婚喪喜慶的場合，幾乎都會邀請東林西樂隊演出，以增進典禮的娛樂性。

隨著隊員年齡的增長及陸續有隊員因工作因素赴臺謀生，一九八〇年代西樂隊再次招募新隊員，如林登賀、林再銘、林德齊、林耀福、林自強、林嘉麟、林建國、李知書、林長敏、洪天榮、林長璋等人。注入新血的東林西樂隊，隊容更盛，集訓期間，旅新加坡鄉僑林長鏢先生返鄉省親，得知村裡樂隊集訓，需增添樂器，遂慨捐三萬元購置樂器以鼓舞士氣，提升演奏品質。

東林西樂隊為東林村民組成的社團，平時隊員各有本業，利用暇時集合練習；當初是為配合廟慶活動而成立，後來漸漸成為村中，甚至是全島上婚喪喜慶活動中不可或缺的隊伍。成立迄今四十餘年，二〇〇五年，由林雄接任隊長一職，管理西樂隊，延續東林西樂隊的精神，繼續為村里服務。

1980年代東林西樂隊成員（林德福提供）

東林西樂隊參與廟會遶境演出（林德福提供）

第三節　東林國術醒獅隊

烈嶼居民習武的風氣很盛，早年同安賊肆虐的年代，烈嶼各村落即習練「宋江陣」等武術以保衛鄉土，另一方面也做為團結鄉親、強身健體及休閒娛樂的功能；據《烈嶼鄉志》記載，宋江陣在清末民初盛極一時，西方、后頭、雙口、東坑、上林等均有宋江陣的組織。

一九四九年以後，大量國軍駐守，與居民互動密切，軍民關係融洽，當時就有不少村民向軍中武術師傅學習武藝（圖；一九六〇年代後期，村中仕伸李珍碧，林登惠等人，聘請軍中國術師傅教授村裡青少年練「拳頭」，成立「東林國術隊」。

一九七一東林籌組迎祀保生大帝陣頭，以原東林國術隊為班底，並商請當時駐紮烈嶼地區十九師部隊長張加晉將軍的協助，指派軍中黃錫華、李方才、陳海軍等具武術專長的師傅，教授指導國術隊，同時加入「舞獅」表演，並正式定名為「東林國術醒獅隊」，隊員主要有林清海、林長才、林耀光、李建裕、許福全、林長根、林長隸、許積元、林長存、林志雄等

國術隊開訓由長老贈送紀念品給軍中教練（林福德提供）

1971年醒獅隊表演（林福德提供）

1971年醒獅隊隊員（林福德提供）

醒獅表演（林福德提供）

人。每日傍晚時分，隊員至東林北郊「營部」訓練場集合，在軍方師傅的口令下，學習站馬步、弓箭步、打沙包等基礎武術訓練，再循序漸進學習兵器武藝，大刀（關公刀）、雙刀、長棍、鋤頭，表演類型有單人武勢，雙人、三人、四人套路對打；另為增進表演的娛樂性，另教習「舞獅」的技巧。

舞獅，民間稱為「弄獅」，是民間遊藝最具代表性的陣頭之一，依其造形分成「北獅」和「南獅」；東林國術隊表演的類型屬於南獅，又稱「廣東獅」、「醒獅」，表演的方式以「花獅」為主，隊員以三人為一組，前方由載著「大頭佛」造型面具，手執葵扇扮做「獅鬼」帶

獅隊表演（林福德提供）

獅鬼（林福德提供）

領，後方由二人合作舞一獅，分別舞動獅頭及獅尾，在大鑼、大鼓、大鈸的伴奏下，模仿獅子起勢、發威、奮起、驚躍、審視等威猛神態，為增進娛樂效果，在獅鬼逗趣的引導下，運用獅頭眼簾、嘴和耳朵的開闔，舞動獅身表演疑進、抓癢、迎寶、施禮、酣睡、出洞、過山、上樓台等動作，藉由舞者的舞動，表現出獅子俏皮可愛神態；同時配合慶典，將書有吉祥話的捲軸置於獅嘴，於高舉舞動獅頭時，展開捲軸的吉祥話獻給現場貴賓。

由於師傅們的傾囊相授，隊員們的勤奮學習，表演深受歡迎，東林國術醒獅隊的聲名遠播，逢年過節、廟會節慶、常受邀表演，甚至跨海至金城、山外等地表演，深獲讚譽。

一九七〇年代後期，隊員年紀漸長，在

雙人對練（林福德提供）

2002年獅隊隊員（林福德提供）

地區讀完中學後，隊員大都赴臺就學或就業，使得醒獅隊因人數不足而停止運作；一九九〇年，東林又逢輪祀保生大帝駐境巡安慶典，為擴大慶賀，由林長雲、林長裕、楊振城等人重組東林國術醒獅隊，召集村中在校子弟，學習舞獅技藝，並自新加坡聘請當地著名的醒獅團「青岩健身院」的林登記、黃成章等師父越洋教授，舞獅的腳步也調整為具高度技巧的「高樁舞獅」，在高低不一長木豎立所組成的梅花樁上，跳動、舞動獅身，在名師指導下，學員學習成效良好，舉凡獅子上擂臺、梅花樁、採青等獅藝，表演生動，技藝精湛，聲譽遠播，常受邀表演，深受各界讚許；一九九四年榮獲教育部頒發「傳統雜技類民族藝術薪傳獎」的肯定。

為使舞獅技藝不致失傳及，烈嶼國中配合政府民俗才藝推廣計畫，成立「舞獅」社團，隊員招募擴大至烈嶼地區學子，二〇〇二年隊員有：林楷倫、林則宇、徐偉翔、林祥彧、林

2003年表演（林福德提供）

志鴻、林嘉齊、林正杰、林仲義、林子揚、洪旗威、吳炯煜、洪凱桓、葉家宏、陳劭杰、蔡坤霖、蔡承杰、楊群安、林麟、林元凱、林宗泰、許燕翔、羅宏彬、吳偉豪、賴奕豪等，東林醒獅團第一代隊員李建裕受邀擔任教練，指導學生學習舞獅技藝；在教練及隊員的努力下，二〇〇三及二〇〇四連續兩年榮獲「臺灣高樁獅國中組」第二名的肯定。

之後，雖然因隊員畢業離校，但入學新生又持續的加入，加上烈嶼國中校方用心經營下，讓傳統文化得以傳承，「弄獅」技藝在校園深根，同學們一屆傳過一屆，代代相傳，生生不息，醒獅的傳統技藝當能傳至久遠。

值得一提的是，隊員林聖祐對於舞獅技藝，表現精湛，在臺藉楊天德的推薦下，加入臺北「文揚醒獅團」，二〇一五年更以此專長，推甄進入臺北市立大學動態藝術系就讀，結合科學的理論基礎，將傳統醒獅文化加以發揚。

第四節　東林鑼鼓隊

鑼鼓隊是由鼓、鑼、鈸等中式打擊樂器所組成的陣頭，也稱「鑼鼓陣」，表演時節奏急速，聲音響亮，是屬「武場」型式，通常以小鼓做為起頭，也稱「頭手鼓」，是年節遊行、迎神賽會、婚喪喜慶等不可或缺的陣頭表演。

90年代由後場樂師組成的鑼鼓隊（林福德提供）

東林鑼鼓隊的起源甚早，在一九三〇年代，來自泉州藝師「黑肚偉仔」，受邀擔任東林戲班武界教練，並傳授戲班鑼鼓樂，自此成為東林特有的傳統鑼鼓陣，每逢村里迎神賽會時參與表演，但一直以來皆無鑼鼓隊正式組織，即使是在一九七一及一九九一年兩次迎祀保生大帝慶典時，也是由烈聲南劇團林登回、林田雨、林安森、林登旺、林長雲等後場打擊樂師兼任。

隨著社會結構的改變，閩聲南劇團因團員赴臺就業謀生而暫停運作，而後場樂師們年歲也逐漸增長，體力無法負荷迎神賽會遊行遶境的需求，且為使東林鑼鼓隊能得以傳承，在二〇〇〇年，原劇團敲鑼手林登回提議招募村中學童來學習打鑼鼓，並籌組鑼鼓隊，獲得村內

教授

由師父於靈忠廟上香開訓

熱烈回響，首期訓練鼓手許詹灝，大鑼林永明、林鳴海、石育倫、石維傑，小鑼陳慶躍、林沛儒，鈸盧翰宇、林白、林暐凱、林義謙等人，並正式成立「東林鑼鼓隊」，由林安森、林登回、林長裕、林田雨、林建國等樂師擔任教練教授鑼鼓技巧。

當時這批隊員大都為十來歲的小孩子，正處於活潑好玩的年紀，如何讓他們靜下心來專心學習鑼鼓，實在是讓這些「阿公級」的教練傷透腦筋，最後只能以「利誘」的方式，即隊員若能完成每日的進度，則提供「蘋果麵包」和「麥香紅茶」當做點心，小孩家長也在旁協助安撫，即便如此，訓練過程中，不時傳來教練的怒叱聲，家長的安撫聲及小孩的哭聲，就在這種半哄半騙的教學氛圍中，東林鑼鼓隊逐漸成型；二〇〇一金城鎮浯島城隍遶境巡安慶典中，東林鑼鼓隊正式亮相，隊員們著整齊統一的服裝，在教練林登回的領隊下，敲擊出明亮而富節奏的鑼鼓，澈底展現鑼鼓節慶的歡樂氣氛，走在遊行的隊伍中，吸引眾人的目光，沿途掌聲不斷，深受肯定，之後受邀，在許多迎神及節慶場合參與表演，也打響東林鑼鼓隊的名號。

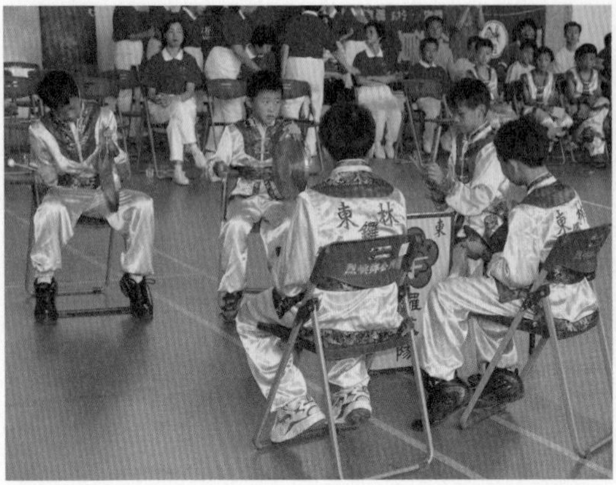

2006年表演（林福德提供）

2004鑼鼓隊練習

此外，為了傳承傳統民俗文化，東林鑼鼓隊持續招募村中學童學習鑼鼓技藝，並由資深學長協助帶領習藝，如二〇〇三隊員頭手鼓：林子揚，大鑼：林翔彧、林宗泰、林則榮，小鑼：林子桓，鈸：洪旗威、楊群安、林麟等。二〇〇七年隊員有頭手鼓林聖祐，鑼：林立中、鄭文博、林子軒，小鑼：林愷彥，大鈸：陳慶典、蘇崇佑，小鈸林子恒；有趣的事，為了提高學習興致，課後點心也因應潮流改為「炸雞排」配「珍珠奶茶」。

此外為推廣社區活動，二〇〇九年以社區媽媽婦女為對象組隊，成立新的鑼鼓陣，除了延續傳統的鑼鼓打擊外，另結合高甲、南音等唱曲，以邊敲鑼鼓邊唱戲曲，並加入民俗舞蹈元素，演出曲目有「打花草」、「摃球」、「鄭元和」等民俗曲藝，形成融合鑼鼓樂、鑼鼓唱、鑼鼓舞於一體的鑼鼓陣表演，自成一格，極具特色，廣受歡迎，常受邀於各活動中表演，是烈嶼地區最具特色的民俗團體。

第五章

里鄰為美：好厝邊，鄰里一家親

在舊時農業社會，人與人關係非常緊密，每當村中有婚喪喜慶場合，不僅是主人家一家的事，更是全村共同的事情，村民會暫時放下自身的工作，主動的前往幫忙，但對於較為專業的工作，如儀式的操辦、炊事、禁忌如喪禮棺柩的處理等，往往由特定人員擔任，久而久之便自然形成一小團體，如負責祭典儀式流程的禮生團，喪禮過程中百無禁忌協助抬棺柩的義工團，在婚喪喜慶負責烹飪調理美食的館棧團等民間社團。

這些社團並非正式的組織，團員也非專業人員，但共同的特點是團員來自社會各階層，平時皆有其各別的職業，當鄰里有需求時，便放下自身工作，主動義務性的投入，其中較具代表性的有東林禮生團、東林義工隊、東林館棧團等。

第一節 東林禮生團

中國自古即有「禮儀之邦」的稱號，特別是所謂「儒家之禮」，具體表現在民間社會如「吉、凶」等禮儀中，也因為具有特定的禮儀規範，因此儀禮的實踐中，必需由專業的「禮生」予以規畫主持與操辦。

由於「禮生」為傳統儒家之禮的主要施行者，故在傳統民間社會中，禮生大都由村落中修習過儒家典籍的人來擔任，也就是村民所稱的「讀冊人」，特別是從事教育工作者，老師，公職人員等，普遍來說，公教人員教育程度較高，對於儒家之禮的實踐也較能掌握。

早期的東林村，村中的吉、凶禮，大都由村中的仕伸長老擔任，在一九七〇年代，村民林成詮、林登民、李珍碧、林登保等人，由於熟讀古書，通達古禮，為人又極具熱心，村中的各場吉凶禮，都由他們來協助操辦，村民都遵稱為「先生」。在傳統婚禮的操辦中，當挑選黃道吉日決定了婚期，主人家便邀請先生們到家裡來，書寫製作喜帖，一般稱為「做帖」。

一般宴客對象大致分為「親戚」及「朋友」，而參與做帖主要的工作，是協助主人家親戚輩份的確認，將新郎(娘)對長輩的稱謂書寫在婚柬上，如新郎(娘)的外公要書寫「外祖父母大人」，舅舅要書寫「舅父母大人」等；至於朋友的請帖，也要注意其是否「帶喪」則不發請帖，同一「口灶」也以一張請帖為代表，避免因亂開喜帖而遭人非議。一九八〇年代以後，陸續有林福德、林登培、林長遠、林福助、林長禮、林開興、林恩德接手協助「做帖」。

一九七六年東林林氏家廟忠孝堂完工，林氏宗親隨即規畫宗祠奠安事宜，為使奠安慶典能圓滿順利，特別成立「東林禮生團」以因應儀式需要；同時也為維護傳統儒家禮數優良傳統，特別是東林村民日常生活的「典儀」活動的引導與操辦人才的傳承，由村中長老林登民及林長正出面，邀請金門本島著名的禮儀專家李錫榮及陳忠信前來教授，當時訓練有「通（司儀）」林長禮、「贊（讀祝文）林福德」、禮生：林長固、林長耕、林金量、林世忠、林登培、林志學等人。

二〇〇四年東林靈忠廟奠安籌備，為傳承傳統禮儀，特別再訓練年輕一輩，如「通（司儀）」林長衡、「贊（讀祝文）林志斌」、禮生：林長征、林俊雄、林文臆、林志恒、林嘉裕等人。

由於禮生團訓練有素，對於典禮儀式的流程操作非常熟練，特別是大型奠安慶成典禮的掌握與操辦，深受島上居民的肯定，東林禮生團的名稱不脛而走，因此除擔任東林村中各項祭儀的操辦外，還義務性的協助如西宅林氏家廟奠安、庵頂謝氏家廟奠安等，甚至跨海至金門本島協助金城及呂厝林氏家廟奠安慶成典禮，同時也義務性指導上林禮生團的成立與訓練，是烈嶼地區頗具專業與知名度的民間社團。

做帖

協助參與呂氏家廟奠安——宣讀祝文（2007年）

第二節 東林義工隊（註八五）

生老病死是人生的必經的路程，其中「死」代表人生旅程的終點；基於人類對於「死亡」的無知和「亡靈」的恐懼，在傳統農業社會上，有著許多的禁忌，因此居民面對「亡靈」的態度，往往是以消極的閃避態度來面對。漢文化中「殮葬」，就是對於死者的屍體妥善處理的儀式，首先對於將成為祖先的先人，其日後的住所即棺木，在民間社會基於禁忌習俗，一般皆以「大厝」稱之，為表達對於逝去先人的尊重，親屬必需由大廳雙膝跪地，以手代足至門口相迎，口中並且唸著：「〇〇，大厝收租回來了」，棺木迎進屋後，為表慎重，必須用枕木隔離與地面接觸，待滿潮時，由親屬以頭白布為襯，將死者抬入棺中，其中再以「庫錢」類金帛充填於棺木內後蓋上棺木上板，以釘子封釘稱為「收」，即入殮儀式。

完成入殮儀式，喪家會於門口處設置靈堂供死者親朋好友祭奠，若是死者是女性，喪家則必須由孝男前往死者娘家報凶訊，稱之為「報白」；至於一般親友，基於一般人對於死亡之忌諱，拜現代媒體發達，利用報刊之便利性，刊登訃聞，訃告喪訊及出殯日期。

出殯儀式，則是死者脫離社會網絡階段，親友藉由祭奠告別死者，最後在道士的引導下，所有親屬繞行棺木三圈，稱之為「轉西方」，最後由死者兒子背伏神主牌，再由點主官手持沾有硃砂的硃筆點主，分別由上至下，由前至後，依序在神主牌點上硃砂，道士從旁施唸：

「指日高升，一氣呵成，點天天清，點地地靈，點耳耳聰，點目目明，點主主英靈，點孝子子孫昌盛，點背後科甲連登，來龍進益，發啊。」

完成點主儀式，棺木入壙覆土掩埋，親屬從旁裝盛墓土，連同神主攜回家中供奉祭拜。同時，道士舉行「洗淨」儀式，道士將象徵潔淨的符碌水，噴灑所有參與喪禮儀式的人，及在喪家人員的引導下，清淨喪家住宅。

有關喪事的處理流程，在舊時社會是由鄰里鄉親義務性的幫忙，但對於「抬棺」、「入壙」、「做風水墳墓」等忌諱性較高的工作，基於傳統禁忌，往往必須花錢僱工處理，但即便如此，這些充滿禁忌的工作，也常找不到適當的工人，還須由家屬自行處理，喪家如臨這種情況，往往不知所措而無助。

在一九六〇年代村中一場喪禮中，喪家因聘不到工人抬棺而求助於好友林登添，林君獲悉後便召集林長慶、林登愛、林允相、林水漳、林清倫、李惟實、林萬塔等人前往協助，林君等人主要的工作是協助在喪禮儀式中移靈、入壙、墳墓的修建等「棺柩」的處理，讓喪禮得以圓滿。

有了此次經驗後，之後東林村中幾場喪禮，喪家請求林君協助幫忙，基於「做好事」的心態，故又有其他村民許丕回、鄭興國、林允約、鄭明福、洪炳燦、楊重復、楊勝利、林登開、林堅培、林長璋、林長斌……等人陸續加入該團隊，主動協助幫忙喪家，由於是林登添主動召集，故成員都尊稱他為「班長」。

義工隊主要的工作是「棺柩」的處理流程，而工作所需的工具，如「工作手套」、「水

「十字鎬」、「鋤頭」、「圓鍬」、「棉繩」、「橫擔」、「匾擔」、「澆桶」、「澆桶」、等，由隊員以「樂捐」自買方式購買添購，因為主要用於喪禮，基於民間禁忌傳統，上述工具不宜存放在村落家中，故都存放在村落外「山中」豬圈，為了與其他農作工具有所曲分，工具上註名「東林義工隊」，也因此正式定名為「東林義工隊」。

東林義工隊的成員都來自村中，平時各有其工作；當村中有人往生時，林登添與喪家確認「喪禮」的日期後，在前一天，便主動召集義工隊隊員，攜帶工具，前往「烈嶼公墓」指定之「墓地」位址上「開壙」挖掘墓穴，也就是挖出長約二公尺半、寬約一公尺半、深約二公尺的礦穴，四周再以紅磚砌成墓穴。

初期墓壙皆是以人工方式挖掘，遇到天乾久旱時，還必須先行澆水讓土質軟化以利挖掘，由於南塘公墓附近無灌溉用水塘，故隊員必須由較遠的水塘攜水澆地使其液化，即便如此，因南塘公墓地質屬「砂石地」，地表及土層佈滿土礫石，不容易挖掘，也增加工作的困難度，但即便如此，隊員也不以為意，均以「做好事」的態度來面對，喪家也會準備茶水點心慰勞工作的辛勞；一九九〇年代，鄉公所購置挖土機，並指派專人協助挖掘墓穴，但因非專業，效果不張，因此東林發福車廠的洪雅明、洪雅光兄弟，以自家車廠的「怪手」設備，加上專業的操作，以機械代替人力，義務性的協助開壙墓穴的挖掘，減輕義工隊的工作。

出殯當天，義工隊隊員主要的工作是協助「棺柩」的移動，也就是本地說的「抬板」或者直接說「抬棺材」；道士頌完經後，隊員先以稱為「中杠」的橫擔與棺柩固定，再以「扁擔」挑起與棺木固定的橫擔，由於民間習俗有「棺木不落地」的禁忌，故於固棉繩固定時，需特別小心，並有特殊的結法，繩結也不能打「死結」，必須以「活結」處理，以利稍後

「出山」出殯時棺木入壙，橫擔抽離。

喪禮開始進行時，道士引領下，將棺林移靈至喪禮會場；隊員們以四人為組，很有默契齊身起立抬起棺木，其中部分隊員則協助抽離原先枕墊之長板凳，另有人協助清除移動路程的路障，以利棺木移柩至喪禮會場；傳統民居中，喪家停置棺柩的大廳及出入的大門並非非常寬敞，故整個移柩的過程需隊員間高度的默契與協調，其中隊員鄭興國在過程中，指揮若定，再加上為人又極為熱心，因此隊員都遵稱他為「士官長」。

「抬棺」過程中，也有某些禁忌必須遵守，特別是新進的隊員首次抬棺，老隊員會提醒，對於死者要「心存敬意」，抬棺時嘴巴千萬

義工隊員協助處理「入壙」

不能「喊重」，不然即使有「八人抬棺」，所有的重量也會感覺壓在「喊重」的那人身上，隊員們稱那是「死者在作弄人」；至於常人對於「棺木」的禁忌，他們很豪氣的指腰上繫上的「頭白布」和紅線說：「繫上頭白布，大吉大利，百無禁忌」。

喪禮祭拜結束，隨即移靈至公墓安葬；民間社會普遍認為先人的墳墓對於後世家人的影響極為重大，故隊員在「入壙」即棺木下葬的過程中極為慎重，深怕影響喪家風水，故由八名隊員分別抬起棺木二側，緩緩將棺木下葬，同時請喪家共同確認，若有歪斜，則立即以扁擔修正，務必使棺木置於墓穴正中；隨後再以白石灰以一定比例加水混合紅土，攪均勻後掩埋棺木成墳墓型式後再交由專業修墳工人繼續施做。

整個工作下來，往往已近傍晚時分，喪禮早已結束，也錯過了道士為解煞所做的「洗淨」儀式，義工隊員也不以為意，通常到屠宰場水井，汲水充做「洗淨制煞」，同時也一併洗淨一身的塵土。

在民間傳統習俗中，「棺材」是代表煞氣，一般人避而遠之，而義工隊從事最具「禁忌」的工作，隊員們相信，「死者為大」、「入土為安」，能參與其中，是「做功德」、做好事的心態，也因如此，陸續有許長勳、林長展、林水成、林再銘、林嘉裕、林龍照等新血加入，讓義工隊的運作能得以傳承。

註八五：林登添、林長璋口述，作者整理。

第三節　東林館棧團

1980年代村民婚禮（林亞芬提供）

無論是婚喪喜慶的場合，其中最主要的就是「宴客」，所謂「民以食為天」，筵席菜色的好壞，關係著主人的面子與誠意；早期農業生活較為清苦，東林村中並無專業餐廳與廚師，因此每逢婚喪喜慶場合，都由村中具炊事經驗者來操作，一九四九年來自大陸各地的軍人駐紮烈嶼，當時軍民往來非常密切，有不少村民自軍人身上學到不少烹飪技巧，一九六〇年代東林街開通，陸續開起餐飲店，而隨著經濟的提升，對於宴席的要求也相對提高，在一九七〇年代，由「近仔（楊振城母親）召集村中從事餐飲業的林登同、林昆崙、洪文株、林清買、林田雨、林登藝、林振盛等人，組織「東林館棧團」，義務性的協助操辦筵席，透過他們高超的烹飪技巧，將主人家的誠意，具體展現在宴席上。

居民婚宴現場懸掛紅色「喜幛」之帳篷

以傳統婚禮為例，婚姻生活是人類社會生活的重要內容，是生命得以繁衍的方式；傳統宗族社會中，更代表了宗族的生命能繼續延續，同時，藉由婚姻，更連結了男女雙方所代表的家族關係，因此自古以人，連結男婚女嫁的婚禮，人們視為「終身大事」。

婚禮被視為人生最重要的喜事，在早期物質較缺乏年代，村民早在舉行喜慶前即先行飼養豬隻，以備喜慶上「拜天公」儀式及宴客需求，同時僱工以紅土壓模「做灶」，並收集枯樹枝，「剖柴」備用；當確定黃道吉日及禮生團先生們協助確認宴客人數後，主人家便請託館棧團的廚師開立菜單及備料清單後再行採購。

早期婚宴的場所皆設在自家，一般喜宴共分三天四場：婚禮前一日，鄉親鄰里主動來協助搭起簡易的帳篷，正面懸掛紅色「喜幛」，擺上桌椅做為宴客的場所，當晚便由主人宴請鄰里，稱為「吃飯菜」，菜單包括「木耳菜」、「小炒肉」、「芹菜炒豬血糕」及「炒芋頭」等俗稱「四大金饌」閩南

「四大金饌」小炒肉

「四大金饌」木耳菜

「四大金饌」炒芋頭

「四大金饌」炒豬血糕

傳統美食。

婚禮當日中午，正式宴客，宴客的對象為喜帖發放的親戚朋友，賓客也會包紅包祝賀；晚上則宴請東林本社，以「口灶」為單位，每一口灶以一人為代表，同村是不發喜帖的，同時也不用包禮。傳統喜宴菜單有：宴菜，以酥炸腰果、五香捲、涼拌海蜇皮、油炸里肌肉、蝦仁等組合成的拼盤，紅燒肉，全魚，龍蝦，八寶甜飯，豬腳湯，排骨湯，大禮餅，最後送上甜湯做為送客；喜宴的菜色代表主人的誠意，同時也代表著廚師的工藝，因此館棧團的廚師在喜宴場所，為了自已的名聲，莫不全力以赴，深怕壞了自家招牌；其中又以第一道宴菜，最能代表師父的功力。

宴菜又稱為「燕菜」，是宴客主要的菜單之一；主要的做法是以大骨高湯做為湯底，食材包括魚翅絲、豬肉絲、雞肉絲、蛋絲、香菇絲、蝦米、碗豆絲、筍絲等等，上桌前再撒上胡椒及香油提味，過程繁瑣，考驗師父的刀功及火候，特別是在寒冷的冬季，第一道端送上香氣隨清煙直上的宴菜，讓人從口暖和到心裡。

婚宴後隔日，村民拆除帳篷與收回桌椅，中午時分，館棧團的廚師會將昨天宴客的「菜尾」當材料，巧手加入太白粉勾芡成稱為「乾面」，再淋上以魚頭、魚骨熬成的湯頭，混合後又是一道可口的佳餚。

一九九〇年代以後，隨著地區大型餐廳的開設，在追求方便、衛生的考量下，婚宴會場多移至餐廳舉行，「東林館棧團」的角色也逐漸淡薄，在餐廳舉行的婚宴，喜氣依舊，但就是少了點舊有人情味。

第六章

文化地景：社區景點介紹

第一節　陽山公園遊樂區

毋忘在莒勒石及介壽亭

陽山位於東林的西南郊，又名「楊山」，高六十門公尺，與吳山（大山頂）相連，為南烈嶼最重要的山，與舊金城遙相崎角，遠控金烈水域。

陽山與東林之間的平坦土地，是東林村民最重要的耕種地；山上林木枝繁葉茂，綠樹成蔭，空氣清新，景色怡人，是烈嶼地區著名的聖山，古稱「祥山」。

一九六六年，國軍鼓舞軍民士氣，效法二千多年前齊國大夫田單，以「莒」和「即墨」雙城復國的故事，期能達成反共復國的使命，特別仿造太武山「毋忘在莒」勒石，於山頂上建造「毋忘在莒」精神堡壘；堡壘左側，有仿刻前故宮博物院院長秦孝儀所撰述的「毋忘在莒本義碑」

從陽山遠眺東林村

石碑，右側則由當時的烈嶼守備區指揮官古今寫下的「毋忘在莒精神堡興建記」，詳述陽山這塊刻石的緣由；左側興建紅欄綠瓦涼亭，高揚的簷角，典雅而莊嚴，供遊客歇腳，為慶祝蔣公八十華誕，故命名為「介壽亭」；此外軍方另於山上廣植「松樹」，松樹四季常綠，具有松柏長青，蒼松有勁，被視是「長壽」的象徵。

山頂視野遼闊可遠眺廈門、金門水頭，東林、西宅、后井聚落，勒石前方有一經國先生塑像，只見他載著鋼盔，拄著拐杖，帶著親切的笑容，坐在石頭上看著和他一起經歷八二三砲戰的這塊土地，也許是在此心懷故土，遠眺故國河山。

為方便軍民遊覽，軍方將原本上山的羊腸小道，以石板修砌成登山步道，順著山勢，曲折蜿蜒，緩步上山，該步道隱藏在群樹綠影之中，走在其中，讓人心曠神怡。是一九六〇至一九八〇年代，地

1980年代島上學童登陽山郊遊

「毋忘在莒」前合照

區國小學童遠足郊遊的必遊之地，小朋友帶著點心、飲料，在老師的帶領下，遠足遊烈嶼，最後目的地到達陽山，登上石板階梯，在「毋忘在莒」下野餐，小朋友撿拾地上的「落果」松樹的乾毬果，帶回去當做此行的紀念品，這是烈嶼地區五、六年級生童年最美的回憶。

二〇〇四年烈嶼鄉公所著手整建陽山，將原本「羊腸小道」的石板登山步道，「截彎取直」，以仿木材質興建一條自山腳直通「毋忘在莒」精神堡壘廣場前的垂直步道，並於堡壘上增建一座觀景臺，方面遊客欣賞烈嶼，又於山腰處增闢露營區和烤肉區。竣工後的「陽山公園遊樂區」，多了方便，但少了那份尋幽探秘的意境。

第二節 烈嶼文康中心

一九四九兩岸分治，國軍為鞏固前線防務，在烈嶼駐紮大量部隊，當時兩岸情勢緊張，戰爭一觸即發，戰爭的威脅時時刻刻壓迫這個小島，軍民隨時處在高張力的備戰狀態，為了紓緩這股精神壓力，及振奮民心，激勵士氣，軍方特別興建名為「烈嶼文康中心」，提供島上軍民休閒場所。

烈嶼文康中心，位於東林北郊，龍蟠山下，鄰近於烈嶼守備師師部所在-龍蟠坑道；一九六〇年由當時的烈嶼駐軍所建，歷經四個月完工，竣工後的休閒中心，以木麻黃樹幹為樑柱，再以茅草舖設屋頂及築成外牆遮風擋雨，地板上以泥土磚充當坐椅，主要的功能是播放電影，是烈嶼地區唯一的休閒活動中心。

烈嶼文康中心落成序

偉哉烈嶼為世界反共前哨為我光復大陸跳板遏阻閩廈咽喉屏障臺海安全本部官兵榮膺重任戍守於斯構兵備戰一年以來宵肝辛勤建樹殊多茲為鼓舞士氣活潑情緒爰有興建文康中心之議用以陶冶身心體供正當娛樂目寓教於樂於文康中心之中去歲末成立興建委員會研究策畫本年度開始施工拓地百畝鳩工餘萬兩月以環克難創造全部故事美輪美奐堅實大方合後我全體官兵康樂有所而文宣活動尤利賴焉際茲落成之日特為之序用茲不忘

烈嶼守備區指揮官　賈維　錄撰爾書
中華民國四十九年三月一日

烈嶼文康中心草建之初，因陋就簡，即便如此，在那物質極度缺乏的年代，電影院的開設，仍然為純樸島上居民帶來歡樂，甚至「鑽進土洞看免錢電影」是當時東林小孩特有的福利，也是東林四、五年級生童年最有趣的回憶，這段「看免費電影」的經歷，羨煞多少其他村莊的小孩。（註八六）

之後，烈嶼駐軍部隊又多次整建烈嶼文康中心，並且重新規劃設計，於一九八三擴建完成，增設貴賓室、服務臺、士官兵交誼廳、健身房、桌球室、羽毛球場、福利中心、籃球場、老人茶室、圖書館、視聽室、隊史館、「八二三砲戰紀念館」等場所，結合運動與休閒需要，是一綜合休閒活動中心，同年農曆八月十五完工啟用，並由地區士伸時年八十多歲的許慶藩老先生代表主持啟鑰，正式對外開放。

烈嶼文康中心擴建誌

巍巍烈嶼雄恃閩海屏障臺澎斯島軍民為淬礪士氣乃重修文康中心建思德樓闢隊史館八二三紀念館視聽中心網球場羽球場健身房交誼廳慈園溜冰場等設施復取烈嶼大膽二膽復興猛虎獅嶼諸島之石炭之版圖以昭精誠團結之忱尤具深意啟鑰之日軍民騰歡撫今感昔不獨深體開創之艱尤應宏其大用俾軍民共樂老少懷安寓教於樂焉

中華民國七十二年農曆八月十五

1980年代國光戲院（洪萬福提供）

烈嶼文康中心現址

中心內主要建築物有國光戲院、精神堡壘雕塑、虎風山莊、官兵休閒中心等，分別敘述如下：

一、國光戲院

當年國軍為鞏固前線防務，駐紮大量部隊，為振奮民心，激勵士氣，於一九六一年十月以草棚搭建電影院做為文康中心，是軍民心理教育及休閒娛樂的綜合性場所。

一九六二年春節前後，時任國防部部長俞大維蒞臨巡視，見該文康場地陳設簡陋，乃允撥專款改建，由虎軍部隊工兵營第四連與七三二五部隊第三連聯手興建，歷時三個多月竣工，落成時並親名為「國光戲院」。

國光戲院誌

民國五十年春本部戍守小金門，為期振奮民心激勵士氣。爰於十月中旬營造草棚電影院於文康中心，成立以來頗著成效，嗣值部長　俞公蒞臨巡視，對本部之克難精神備致嘉許，惟念茅茨土階陳設簡陋，因允賜撥專款飭以重建以壯觀瞻復，成各級長官擘劃督導及全體官兵之支援，由本部工兵營第四連與七三二五部隊第三連鳩工興建，歷時三月於焉告成，竣工之日復蒙部長　俞公親為命名曰國光戲院，益收厲行教戰育樂，軍民之功是為誌。

虎軍部隊長　韓卓環　謹識

中華民國五十一年五月五日

新建的國光戲院是一棟中間挑高二層鋼筋混凝土建築，大門入口處為長官及貴賓休息室，兼做表演者換裝休息場所；建築物主體中間挑高，中間擺設木質連座收合椅，背後以行列編號，方便觀眾對號入坐；前端以水泥搭建「司令臺」，勞軍表演時當表演舞臺，集會時更可做為長官精神訓話的講臺；平時司令臺前方架設起帷幕，做為電影放映主要場所；戲院後方為二層樓，樓上為電影放映室，及軍官坐位。

完工後的國光戲院除了每日定時播放電影供民眾觀賞，初期每日中午上映二場，晚上加演一場，一九七〇年代，因對岸「單打雙不打」砲擊，顧及安全，單號夜間場取消，一九八六年再改為一天二場；當時烈嶼駐軍部隊眾多，加上島上缺乏娛樂的地方，故每逢電影上映，戲院總座無虛席，過年過節或是「強檔大名星」主演的電影，戲院更是人頭鑽動，座無虛席。此外，兒童節當日，烈嶼地區在國光戲院表揚「模範兒童」活動，邀請全鄉國小兒童參加，會後便招待所有小朋友觀賞電影。

關於俞大維與國光戲院有另一則故事：一九六二年五月一日，俞大維部長到烈嶼巡

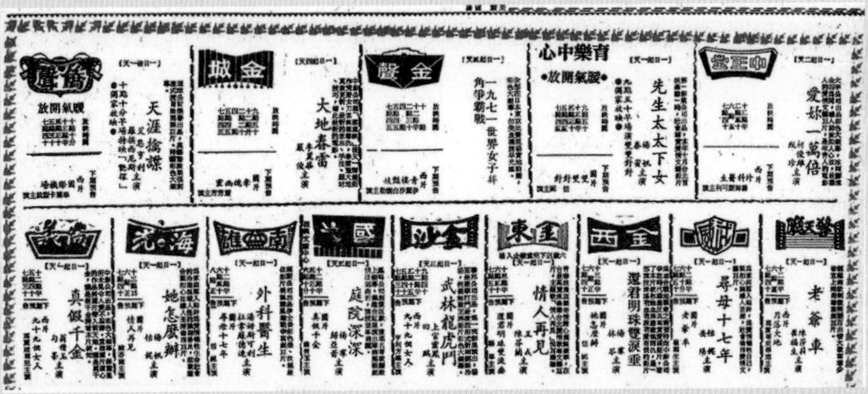

中正堂 愛妳一萬倍

育樂中心 暖氣開放 先生太太下女

金聲 一九七一世界女子摔角爭霸戰

金城 大地春雷

僑聲 暖氣開放 天涯擒諜

擎天廳 老爺車

武威 尋母十七年

金西 還君明珠雙淚垂

金東 情人再見

金沙 武林龍虎門

國光 庭院深深

南雄 外科醫生

海光 她怎麼辦

真假千金

國光戲院每日場次（《金門日報》1972.1.6）

1990年代國光戲院
（洪萬福提供）

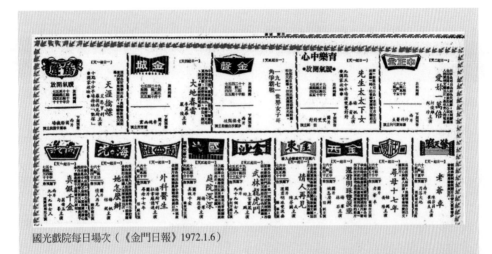

視，當天正逢「單日」，也就是對岸「單打」的日子，砲彈聲此起彼落，當部長巡視至烈嶼后頭衛生連時，正好遇到西吳蔡水杉的妻子難產，家屬驚慌不知所措，俞部長得知消息後，立即指示軍醫全力搶救，很幸運的剖腹取出一名男嬰，母子均安，俞部長取得家屬同意後，將小孩取名為「蔡國光」，隔日並依傳統習俗購買刻有蔡國光姓名及出生年月日的金鎖片送蔡家，同時允諾這名小孩蔡國光終身免費到國光戲院看電影。（註八七）

二、精神堡壘雕塑：

「天下為公」與「護旗三勇士」

為加強島上軍民精神武裝，於園區興建如「天下為公」與「護旗三勇士」等精神雕塑，以強化軍民精神戰力；其中「護旗三勇士」是紀念八二三砲戰期間，戍守大膽島的國軍英勇護衛升國旗的故事，當時匪砲射擊大膽島上之國旗，守軍部隊英勇護旗，國旗旗桿每被射斷一枝，勇士們在砲火下又豎起一枝，先後連續升旗十八枝，匪砲終於停止。國光文康中心堡上塑三位武裝勇士造像，拔桿豎旗，象徵為烈嶼軍民精神，並期以勉勵烈嶼守軍弟兄官兵效法護旗勇士，再接再厲，為國犧牲奉獻國家。

三、虎風山莊

烈嶼孤懸海外，在一九五〇～一九八〇年代，出入僅依賴民間木製渡輪，由於戰地管制，開航時間僅限白日，相當不便，且若遇風浪過大，顧及安全，木船立即停駛，烈嶼瞬間變成孤島，不僅居民受苦，同為一島之民的軍方，亦飽受困擾；軍方為解決人員往來烈嶼出差住宿問題，於一九七一年特別籌建招待所，並由當時駐紮烈嶼的虎軍部隊負責規畫興建，同年年底完工，是棟二層樓鋼筋混凝土建築，外牆以閩南式紅色磁磚鋪面，在一遍綠意之中，顯得氣派非凡，由當時國防部長黃杰題字命名為「虎風山莊」，金色大字，有如虎虎生風，將虎軍的精神澈底發揚。如碑文所示：

虎風山莊誌

烈嶼與大金門，雖係一水之隔，然因氣候多變，交通仍多梗阻。上級派員視導，或遣隊支援，每因風浪驟起，交通立告中斷，住宿既成問題，歷年以來均以為苦。民國六十年五月國防部總政戰部主任羅上將蒞臨視察，洞悉上情，立允撥款，興建招待所一座，以解決部隊實際困難。本部官兵聞訊趕奮，於十月初遴員構圖，並遵照防區司令馬中將指示，做多目標之設計，派工兵營第二連於龍蟠山之陽，興建二層樓房一所。瓊樓玉宇，美輪美奐，歷時三月而成，命名虎風山莊。此後不但接待應肆，不虞無備，既官兵之休閒娛樂，亦均有所矣，是為誌。

虎軍部隊謹勒

中華民國六十年十二月二十五日

此外，烈嶼守備區為提倡軍民讀書風氣，於虎風山莊內設置圖書館，命名為「志清圖書館」，並於一九七六年七月三日對島上居民開放，開放時間除週五休館外，於每日上午八至十一點，下午二點至五點，晚上七點至九點；晚上在「單打雙不打」的顧忌下，只開放雙日晚上七點至九點館內藏書三萬餘冊，讀書坐位一百多位，是烈嶼島上第一座圖書館。館方在寒暑假時，安排軍方大專背景的官兵，於雙日晚上義務輔導島上的學子課業；除此館內另設有「教師研究室」及「軍事作戰政治研究室」，供島上教師及官兵研究用，是所多功能的圖書館。

一九九〇年代，志清圖書館更名為「烈嶼圖書館，並將二樓闢為「烈嶼隊史館」；同時期，烈嶼鄉圖書館設立，因功能性重疊，故於一九九〇年代末期，軍方的烈嶼圖書館裁撤，並於二〇〇〇年一月二十六日，烈嶼守備區將館藏四、〇〇〇餘冊藏書轉贈烈嶼鄉圖書館。同時改做「國軍九〇四營站」，提供軍民日常用品及食品採購。

四、官兵休閒中心

原為「軍官活動中心」一九八九年改建更名為「官兵休閒中心」，是一間以「西餐廳」為主的休閒中心，主要供應高檔牛排、咖啡；由於當時來金門服兵役的阿兵哥，來自社會各階層，幾乎各行業的專長在軍方都可找到，故休閒中心特別遴選具「西餐」背景專長的阿兵哥擔任主廚，一九九三年，國立著名的樂團「東方快車」樂手「侯志監」正在烈嶼服役，由他領銜擔任休閒中心的駐唱歌手，每日下午十二、三及六點各演唱三場，駐唱期間，造成轟動，吸引眾多粉絲前來，場場爆滿，是當時島上最高級的西餐廳。

註八六：林長禮口述，作者整理。（二〇一七／七／十九）

註八七：李元平，《俞大維傳》，一九九二，臺北：臺灣日報社，頁三一〇～三一二。

第三節 東林濱海遊憩公園

東林濱海遊憩公園位於東林村的南郊，烈嶼島的東南方弧型海灣，範圍自羅厝漁港以南蜿蜒至東崗的海岸，海灣內為長約一千多公尺長沙灘，沙灘潔白細緻，在傍晚陽光的照射下，閃著金黃色的光芒，故又有「黃金海岸」的稱號，是早期烈嶼居民房屋建材細砂的採集地，一九九五年金門國家公園成立後才公告禁止，現今為居民踏浪戲水的天堂；往南靠近東崗岬角的沙灘，坡緩而浪平，更是居民游泳的好地方，每到夏天，總吸引島上的居民前來玩水踏浪，軍方也利用此處平坦的地勢，做為運補搶灘的

玩水弄沙（林福德提供）

軍方簡易運補碼頭

場所。

二〇〇一年烈嶼鄉公所規畫此處為「東林濱海遊憩公園」，佔地約三公頃，興建配置有觀景休憩臺、森林活動區、烤肉區等，意象地標，雕塑廣場豎立著海獺、環頸雉、鱟、白鸛、海豚、蟹、國王企鵝等雕像，健康體能園區、攀岩、親子遊樂區、景觀休憩亭臺等，是一個綜合性的休憩環境及鍛鍊健康體能的場所。

登上觀景台，可遠眺陽山、金門本島，舉目遠望，藍天碧海，一望無際，俯視所及，潔淨沙灘，平坦無痕，伴隨浪濤聲，洗淨一身的疲憊，令人心曠神怡，彷彿置身仙境，是烈嶼地區休閒遊憩的好地方。

觀景休憩臺

第四節　「飛機路」與「東崗直升機場」

舊「飛機路」現為「東崗直升機場」

烈嶼島上南、北二大丘陵地建構出島上高低起伏的地形，而曲折蜿蜒海岸，構成烈嶼海島獨特而複雜的地理景觀。一九四九年後，國軍大量進駐烈嶼島上，為抵禦對岸入侵，國軍在島的海岸線上建立了大量的軍事據點，用以監視對岸的動態，一九七〇年開始，為了連絡海岸各據點和便利軍隊的指揮與協防，國軍延著島的海岸，建立所謂戰備道。在東林海灘邊，有一段長約一公里的平緩地形，國軍利用此位置位於島的東南側，背對著大陸，具有隱蔽的優勢，且又因地勢平緩，故興建一段，長約五〇〇公尺之跑道，可供輕航偵察機使用之跑道，稱為「飛機路」。

隨著戰爭武器的發展，這條簡易的跑道已不符現代戰爭所需，且兩岸情勢的和緩，飛機路已無戰略用途而荒廢。

一九九八年，因應島上醫療之不足，重大傷病必須轉診至大金門本島或是臺灣醫療救治，故興建直升機停機坪，以供島大重大傷病後送轉診之用。

終章

從東林村到東林社區

第一節　社區的形成

六百多年前，林氏先祖忠茂自大陸移居本地，歷經數代繁衍，形成以「林姓」為主的「東林村」；之後李、許、施及楊姓的相繼來到，一九六四年東林街開通形成商業中心，石、方、洪、鄭、施、陳、羅、馮、李、廖、應、徐、劉、莊等姓陸續入住東林，形成「多姓社區」形態。

多元化的社區具體表現在宮廟信仰與社區活動之中，以靈忠廟「輪值點燈火」名冊為例，共有一〇一戶參與輪值，林姓有六十九戶，有三十二戶非林姓住戶；一九九九年「東林社區發展協會」成立，會員包含東林村內所以成員，主要會務辦理社區居民婚喪喜慶及宮廟廟會活動；二〇〇六因應社會結構成立「東林老人會」，以照顧社區老齡人口及提倡正當休閒娛樂為主，透過「鑼鼓隊」的教習，將傳統技藝得以傳承。

社區中許多是來自島上如青岐、上林、黃厝等村莊，他們仍參與原村莊境廟信仰與社區活動，另一方面也積極融入東林社區中，為此引用所謂「兩頭社區」的概念，意謂著這群人在不同的兩地，即原村與東林社區各自扮演重要的角色，進而使得這兩個社區發生緊密的文化網絡。

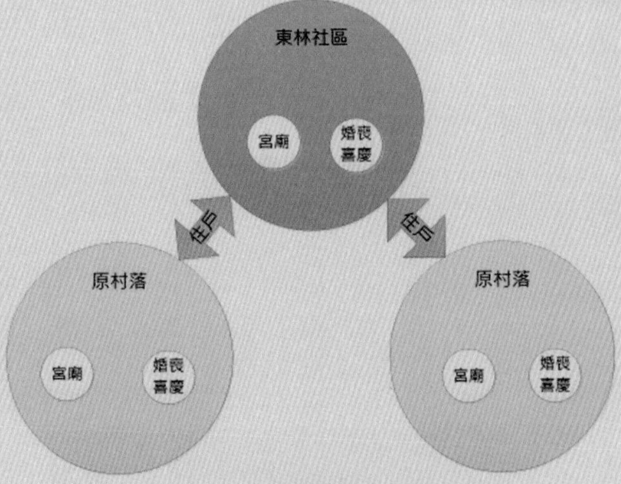

二頭社區模型

第二節 從「看天收成」至「靠兵仔吃」經濟型態的改變

傳統農業生活是日出而做、日落而息，而農作是依二十四節氣運行，即遵循春耕、夏耘、秋收、冬藏運行，但是以軍人為主的消費模式，商家營業則以部隊作息為圭臬。

具體的轉變在於作息時間的調整，為配合軍方清晨的採買，每日凌晨二點，東林村已是人聲鼎沸，市場內的商家已早起備料以因應軍方的採購需求；同時休息日也配合軍方戰備需求而調整，最明顯的例子是每週四的「莒光日」政治教育，原本熱鬧的東林街因軍方全面管制休假外出，變得門可羅雀、異常冷清；其他如年節假期，因為配合阿兵哥的休假而開門

軍民互動關係融洽
相互嘻戲

1980年代軍民聯合運動會（洪萬福提供）

營業；此外，軍方每年不定期的各種演訓、高裝檢查、體能訓練等戰備訓練，管制休假，除特定的行業及日常食品供應外，大部分商家也受其影響，總而言之，生活型態完全依軍人作息而運轉。

另一轉變在於民居形式的改變，即「傳統民居」到「住店合一」，最早開通的第一條街道「街路」老街，拆除部分外牆再加上門板當做店面做起生意，其他空間仍維持「住家」的型態；而後陸續興建的新式樓房，稱為「店面厝」，即一樓當做商業空間，二樓則為住家生活空間的住商混合形態。

第三節 東林社區的未來發展

隨著兩岸情勢的和緩，駐軍的裁減，聚落人口的老化，東林街從昨日繁華走向蕭條；二〇一五「烈嶼：邊境小鎮的再生」整合型計畫案，其中的「東林風華之再現」，期透過東林聚落的空間修景，街區空間改造，邀請藝術家的進駐。輔導特色商家如軍人消費市街復興；地方農特產如芋頭的行銷。當市街商圈與觀光產業相結合，可讓小鎮再生，也為烈嶼注入風華再現的新契機。

東林社區有豐富的歷史人文內函，陽山之麓農作生產，東崗海灘天然海洋資源。有陽山及東林灣青山綠水自然生態，數百年來兼顧「生態、生產、與生活」，東林得天獨厚發展成烈嶼島上第一大村落，從地理之心轉變成政治商業之心。

做為烈嶼島的中心地方，東林一直不是封閉的區域，林氏忠孝堂脊樑上的龍頭魚身螭吻，龍頭朝外意喻東林子弟出外奮鬥，打拼台灣、落番南洋，透過「忠孝堂」、「靈忠廟」信仰，突破了地緣限制，跨境域的延伸，讓出外的子弟與東林原鄉相結合。

幾百年來，從落番出洋到新商業中心人口的聚集，龍蟠山與陽山之間的平原，一直是村民生活的地方，西方學者費孝通在《鄉土中國》一書曾言：「中國社會是「鄉土性」的，「土」是指泥土，鄉下人離不開泥土，種地是最普通的謀生辦法。」他又說：「鄉、村里的人口似乎是附著在土上的，一代一代地走下去，不太有變動。」（註八八）澈底詮釋東林人

對於這片土地的重視。東林數百年來發展歷史中，走過同安賊肆虐、日本軍奴役、砲戰威脅等天災人禍，先民們緊守這塊土地，烈聲南劇團、東林西樂隊、國術醒獅隊、鑼鼓隊等陣頭，禮生團、義工隊、館棧團的組織運作，讓社區居民的心緊緊結合在一起。期許後代子子孫孫，承繼先祖華路藍縷，以啟山林的開創精神，在這塊上天恩賜的風水寶地繼續傳承祖德、忠孝敦睦、開枝散葉，再現繁華盛景，讓祖宗德業千秋萬世，源遠流長。

註八八：費孝通，《鄉土中國》，二〇〇八，北京：人民出版社，頁一～三。

國家圖書館出版品預行編目資料：

列嶼之心：東林的那些人、那些事 / 林志斌
作. -- 初版. -- 金門縣金城鎮：金縣文化局,
民2017.11
面； 公分. --（金門村史；9）
ISBN 978-986-05-4204-2（平裝）
1.歷史 2.福建省金門縣
673.19/205.9/109.2 106021823

烈嶼之心
東林的那些人、那些事

出　　版／ 金門縣文化局
發 行 人／ 呂坤和
作　　者／ 林志斌
總 編 輯／ 黃雅芬
主　　編／ 何桂泉
編　　輯／ 薛濱濱
校　　對／ 林水清、林志雄、林長禮
攝　　影／ 林志斌、林福德、洪清漳
編輯委員／ 郭哲銘、周祥敏、郭朝暉、劉建順、許躍翰
審查委員／ 陳長慶、陳欽進、林金榮、吳鈞堯、蔡鳳雛
地　　址／ 金門縣金城鎮環島北路一段66號
電　　話／ 082-323169
網　　址／ http://web.kmccc.edu.tw
設計美編／ 不倒翁視覺創意工作室
印　　刷／ 松霖彩色印刷有限公司
初版一刷／ 2017年12月
定　　價／ 新台幣300元
I S B N／ 978-986-05-4204-2
G P N／ 9789860542042